GILSON JOSÉ FIDELIS

GESTÃO DE
PESSOAS

ROTINAS TRABALHISTAS
E DINÂMICAS DO
DEPARTAMENTO
DE PESSOAL

6ª edição
revisada e atualizada
de acordo com medidas
apresentadas pelo
governo federal

Av. Paulista, 901, 3º andar
Bela Vista – São Paulo – SP – CEP: 01311-100

SAC Dúvidas referentes a conteúdo editorial, material de apoio e reclamações:
sac.sets@somoseducacao.com.br

Direção executiva	Flávia Alves Bravin
Direção editorial	Renata Pascual Müller
Gerência editorial	Rita de Cássia S. Puoço
Editora de Aquisições	Rosana Ap. Alves dos Santos
Editoras	Paula Hercy Cardoso Craveiro
	Silvia Campos Ferreira
Produtor editorial	Laudemir Marinho dos Santos
Serviços editoriais	Breno Lopes de Souza
	Josiane de Araujo Rodrigues
	Kelli Priscila Pinto
	Laura Paraiso Buldrini Filogônio
	Marília Cordeiro
	Mônica Gonçalves Dias
Preparação	Halime Musser
Revisão	Gilda Barros Cardoso
Projeto gráfico e diagramação	Ione Franco
Capa	Maurício S. de França
Impressão e acabamento	Bartira

DADOS INTERNACIONAIS DE CATALOGAÇÃO NA PUBLICAÇÃO (CIP)
ANGÉLICA ILACQUA CRB-8/7057

Fidelis, Gilson José
 Gestão de pessoas : rotinas trabalhistas e dinâmicas do Departamento de Pessoal / Gilson José Fidelis – 6. ed. rev. atual. – São Paulo: Érica, 2020.
 184 p.

 Bibliografia
 ISBN 978-85-365-3350-6

 1. Administração de pessoal 2. Departamento pessoal 3. Planejamento estratégico 4. Legislação trabalhista 5. Recursos humanos I. Título

20-1877
CDD 658.3
CDU 658.3

Índice para catálogo sistemático:
1. Gestão de pessoas: Administração de empresas

Copyright © Gilson José Fidelis
2020 Saraiva Educação
Todos os direitos reservados.

6ª edição
2020

Nenhuma parte desta publicação poderá ser reproduzida por qualquer meio ou forma sem a prévia autorização da Saraiva Educação. A violação dos direitos autorais é crime estabelecido na Lei n. 9.610/98 e punido pelo art. 184 do Código Penal.

| CO | 8818 | CL | 642544 | CAE | 728175 |

AGRADECIMENTOS

Aos profissionais da área de Recursos Humanos que, com paciência, ensinaram-me as práticas da administração.

Às instituições de Ensino Superior, que me permitem avançar na procura incansável pelo conhecimento, além de poder compartilhar com meus alunos novas experiências.

À minha filha Amanda, que além de ser o meu amor eterno, trouxe ao mundo a Sarah.

À Lígia, com amor!

Sobre o Autor

Gilson José Fidelis é graduado em Relações Públicas pela Universidade Metodista de São Paulo, MBA em Recursos Humanos, MBA em e-Business – Tecnologia e Sistemas de Informação, extensão MBA na California State University – Hayward, mestre em Administração com ênfase em Gestão de Pessoas e Organizações e consultor empresarial com mais de 30 anos de experiência profissional na área de Gestão de Pessoas e Recursos Humanos. É professor universitário de graduação e pós-graduação.

É autor dos livros *Gestão de Recursos Humanos – Tradicional e Estratégica* e *Gestão de Pessoas – Estrutura, Processos e Estratégias Empresariais*, ambos publicados pela Editora Érica.

Sumário

Capítulo 1 – Gestão de Pessoas **11**
   1.1   Relação entre o Capital e o Trabalho 14
       1.1.1   Relação de Trabalho..14
       1.1.2   Relação de Emprego...15
   1.2   Sistema de Escrituração Digital da Folha de Pagamento da Empresa 17
       1.2.1   Legislação (Portaria nº 300, de 13 de junho de 2019) 17
       1.2.2   Vantagens do Sistema de Escrituração Digital 18
       1.2.3   Principais Mudanças 18
       1.2.4   Aspectos Técnicos 19
   1.3   Ambiente Nacional 19
       1.3.1   Estrutura do Ambiente Nacional 20
   1.4   Atividades Afetadas no Processo de Implantação do Sistema 20

Capítulo 2 – Contratação **21**
   2.1   Processo de Admissão..22

Capítulo 3 – Documentos e Registros **25**
   3.1   Atestado de Saúde Ocupacional (ASO) da Empresa Anterior.................26
   3.2   Registros do Empregador 28
   3.3   Carteira de Trabalho Digital...30
   3.4   Registro de Empregado 31
   3.5   Cadastro NIS/PIS..35
   3.6   Contrato Individual de Trabalho..36
       3.6.1   Por prazo determinado..36
       3.6.2   De Experiência 37
       3.6.3   Por Prazo Indeterminado 38
       3.6.4   Terceirização..39
   3.7   Declaração de Encargos de Família para Fins
       de Imposto de Renda Retido na Fonte 51
   3.8   Termo de Responsabilidade do Salário-Família......................................52
   3.9   Acordo para Compensação de Horas de Trabalho 54
   3.10 Acordo para Prorrogação de Horas de Trabalho 55
   3.11 Opção de Vale-transporte 57
   3.12 Autorização para Desconto em Folha de Pagamento............................59
   Exercícios...60
   Estudo de Caso..61

Capítulo 4 – Salário, Adicionais e Remuneração 63
4.1 Salário... 63
    4.1.1 O que Significa Salário-base ou Salário Contratual?............ 64
    4.1.2 O que são Adicionais e Como Integram o Salário-base?...... 64
4.2 Remuneração.. 65
Exercícios.. 66
Estudo de Caso.. 66

Capítulo 5 – Duração do Trabalho 67
5.1 Jornada de Trabalho.. 68
    5.1.1 Serviço Efetivo.. 68
    5.1.2 Horas *In Itinere*... 68
    5.1.3 Jornada 12 × 36 Horas... 68
5.2 Conversão de Horas... 69
5.3 Compensação de Horas de Trabalho........................... 70
5.4 Prorrogação de Horas de Trabalho............................. 71
5.5 Banco de Horas... 71
5.6 Períodos de Descanso.. 72
    5.6.1 Descanso Semanal Remunerado (DSR)............................ 73
5.7 Faltas e Atrasos.. 73
5.8 Trabalho Noturno... 74
5.9 Registro de Frequência... 75
5.10 Suspensão e Interrupção do Contrato de Trabalho.... 77
Exercícios.. 78

Capítulo 6 – Fundo de Garantia do Tempo de Serviço (FGTS) ... 79
6.1 Multa Rescisória... 79
6.2 Movimentação da Conta Vinculada do FGTS............. 80

Capítulo 7 – Folha de Pagamento 81
7.1 Legislação.. 81
7.2 Vencimentos.. 83
7.3 Adiantamento Salarial... 84
7.4 Salário do Mês.. 85
7.5 Adicionais.. 87
    7.5.1 Horas Extras... 87
    7.5.2 DSR de Horas Extras... 88
    7.5.3 Adicional Noturno.. 89
7.6 Adicional de Insalubridade... 89
    7.6.1 Periculosidade.. 90

       7.6.2   Comissões 90
       7.6.3   Salário-família 90
  7.7   Descontos Salariais 90
       7.7.1   Faltas e Atrasos 91
       7.7.2   Recolhimento do INSS 93
       7.7.3   Imposto de Renda Retido na Fonte (IRRF) 93
       7.7.4   Recolhimento do Imposto de Renda Retido na Fonte (DARF) 94
       7.7.5   Contribuição Sindical 94
       7.7.6   Vale-transporte 95
  7.8   Outros Descontos Autorizados 95
       7.8.1   Fundo de Garantia do Tempo de Serviço (FGTS) 95
       7.8.2   Demonstrativo de Pagamento 96
  Exercícios 102
  Estudo de Caso 108

Capítulo 8 – 13º Salário 109
  8.1   Primeira Parcela 110
  8.2   Segunda Parcela 111
  8.3   Ajuste do Salário Variável 113
  Exercícios 114

Capítulo 9 – Férias 117
  9.1   Legislação 117
  9.2   Faltas Injustificadas 118
  9.3   Período de Concessão 118
  9.4   Abono Pecuniário 119
  9.5   1/3 Constitucional 120
  9.6   Solicitação da Primeira Parcela do 13º Salário 120
  9.7   Aviso de Férias 121
  9.8   Recibo de Férias – Pagamento 122
  9.9   Férias Coletivas 122
  9.10 Incidências 123
  Exercícios 133

Capítulo 10 – Rescisão de Contrato de Trabalho 135
  10.1 Legislação 135
  10.2 Advertência Disciplinar Verbal 136
  10.3 Advertência Disciplinar por Escrito 136
  10.4 Suspensão Disciplinar do Trabalho 136
  10.5 Justa Causa 137

10.6 Tipos de Rescisão de Contrato e Seus Direitos.................................139
10.7 Direitos Trabalhistas 140
    10.7.1 Indenização 140
10.8 Aviso Prévio 140
    10.8.1 Indenizado.. 141
    10.8.2 Trabalhado...142
    10.8.3 Extensão do Aviso Prévio (Tempo de Serviço)........................142
    10.8.4 Comum Acordo 142
    10.8.5 Outros Tipos de Aviso Prévio (Previstos em Acordo Coletivo).. 143
10.9 Saldo de Salário..143
10.10 Salário-família 143
10.11 13º Salário Proporcional e Indenizado 143
10.12 Férias Vencidas 144
10.13 Férias Proporcionais 145
10.14 1/3 Constitucional..146
10.15 Direitos Trabalhistas 146
10.16 Comunicação de Movimentação do Trabalhador 148
10.17 Homologação e Prazo para Pagamento da Rescisão.................148
10.18 Modelos de Comunicação de Desligamento 152
    10.18.1 Rescisão Sem Justa Causa Com Aviso Prévio Indenizado..........152
    10.18.2 Rescisão Sem Justa Causa Com Aviso Prévio Trabalhado 153
    10.18.3 Término do Contrato de Experiência 154
    10.18.4 Término do Contrato por Prazo Determinado......................155
    10.18.5 Rescisão por Justa Causa 156
    10.18.6 Pedido de Demissão (Cumprindo Aviso Prévio) 157
10.19 Seguro-desemprego 158
Exercícios..167
Estudo de Caso...168

CAPÍTULO 11 – ACORDO OU CONVENÇÃO COLETIVA DE TRABALHO..... 171
11.1 Acordo Coletivo de Trabalho (ACT) 173
11.2 Convenção Coletiva de Trabalho (CCT) 173

CAPÍTULO 12 – JUSTIÇA DO TRABALHO... 175

BIBLIOGRAFIA.. 177

ÍNDICE REMISSIVO 181

Apresentação

As transformações que vêm ocorrendo constantemente na economia e, sobretudo, nas relações trabalhistas, acompanham a evolução a passos largos da sociedade contemporânea brasileira.

Nos últimos anos, as mudanças no mundo do trabalho têm trazido enormes efeitos sobre as inovações tecnológicas, a modernização dos processos de trabalho, a competitividade das empresas e, na contramão desse cenário dinâmico, o flagelo do desemprego. Porém, com as iniciativas brasileiras de flexibilização e desburocratização das normas sociais e trabalhistas, o governo federal vem retirando algumas amarras legais. Isso permite que empresas e trabalhadores possam vislumbrar possibilidades reais de retomada do crescimento e desenvolvimento empresarial e profissional, com foco na diversidade de contratação e na geração de empregos.

A grata surpresa é que as pessoas compreendem cada vez melhor esse cenário e buscam se adaptar às demandas do mercado com cursos técnicos, tecnológicos, de graduação e de pós-graduação nas áreas de Administração, Gestão de Pessoas e Recursos Humanos, ampliando a especialização de novos futuros profissionais.

Este livro é uma importante contribuição para o campo dos estudos administrativos, cujo foco é a valorização do conhecimento e a prática cotidiana, com exercícios que complementam o desenvolvimento do aprendizado.

A preocupação é o Brasil conseguir se inserir no cenário de mudanças globais, que demanda foco na produção e nas formas de produção, na especialização do comércio e serviço, no desenvolvimento tecnológico. O conteúdo é indicado ao desenvolvimento de profissionais, acadêmicos e demais interessados no assunto.

Destacamos o contexto da Gestão de Pessoas, as rotinas e as inovações do Departamento de Pessoal diante de novas tecnologias e sistemas de informação estratégicas: relação entre o capital e o trabalho; sistema de controle das obrigações sociais e trabalhistas; novas modalidades de contratação; desburocratização e informatização de documentos e registros do empregador; salário, adicionais e remuneração; duração do trabalho; escrituração fiscal e digital da Folha de Pagamento e seus reflexos; o 13º salário; férias; rescisão do contrato de trabalho; abordagem sobre o Acordo Coletivo de Trabalho e Convenção Coletiva de Trabalho; a Justiça do trabalho; legislação de segurança e medicina do trabalho; e conceitos gerais.

A obra facilita a compreensão de rotinas e inovações trabalhistas, incentivando a pesquisa contínua, condição primordial ao acompanhamento das tendências, oportunidades e desafios relacionados com os desdobramentos das relações trabalhistas no Brasil.

Nessa sexta edição, o propósito é fazer com que o leitor atualize-se em relação às matérias legais: Reforma Trabalhista (Lei nº 13.467, de 13 de julho de 2017); pontos relevantes sobre a Declaração de Direitos de Liberdade Econômica (Lei nº 13.874, de 20 de setembro de 2019) e novas demandas do sistema de controle da folha onerosa das empresas, com ênfase na flexibilização dos modelos de contratação; o teletrabalho; o aumento importante de empresas que utilizam o trabalho intermitente; as formas de subordinação indireta, na redução do desemprego da parcela mais jovem da população; desoneração do INSS patronal e redução da multa do FGTS com a carteira de trabalho digital e "verde e amarela". Ou seja, medidas significativas e contínuas para estimular os avanços em direção à desburocratização e à informatização das informações aos órgãos reguladores. Dessa forma, é possível aumentar a quantidade de empregos formais que o Brasil pode gerar.

Neste contexto, o livro aprimora procedimentos da legislação social, trabalhista e tributária, atrelada aos mecanismos regulatórios, fiscais e de proteção social.

Destacamos nesta sexta edição algumas medidas estipuladas pelo governo federal:

a) Criação do Ministério da Economia, que reestrutura os ministérios da Fazenda; do Planejamento, Desenvolvimento e Gestão; da Indústria, Comércio Exterior e Serviços; e do Trabalho, que passam a integrar esse órgão ministerial. Tornam-se órgãos específicos singulares e entidade vinculada: Secretaria Especial de Previdência e Trabalho; Secretaria Especial da Receita Federal do Brasil; Secretaria Especial de Produtividade, Emprego e Competitividade; Secretaria Especial de Desburocratização, Gestão e Governo Digital; e Instituto Nacional do Seguro Social (Medida Provisória nº 870/2019).

b) Simplificação do sistema de controle eSocial para melhorar a prestação de informações e linguagem, melhorar a acessibilidade e eliminar redundâncias.

c) Ajustes nos processos de trabalho dos órgãos, cujo objetivo é melhorar a qualidade da informação e dos serviços prestados à sociedade.

d) Alterações na legislação para simplificação de obrigações, no âmbito do Ministério da Economia (Portaria nº 300/2019).

O autor

Observação	Para facilitar o acompanhamento das inovações publicadas pelo governo federal, você pode consultar o site do Ministério da Economia em <http://www.economia.gov.br>.

GESTÃO DE
PESSOAS

1

Gente e Gestão de Pessoas são temas recorrentes nos estudos organizacionais e suscitam inúmeros debates, principalmente para que essa parceria responda por uma administração eficaz nas relações trabalhistas. Além disso, quando bem-sucedidas, essas relações podem rentabilizar o trabalho, desenvolver pessoas e gerar vantagem competitiva, *a posteriori*. Aspectos que envolvem a Gestão de Pessoas (GP) e seus protagonistas: os gestores de pessoas, que não podem estar circunscritos apenas no controle específico das operações e na obtenção de resultados por meio das pessoas; também devem ter proximidade com a equipe de trabalho, compartilhando informações, oferecendo e recebendo *feedback* e orientando o desenvolvimento de competências e carreira.

Em meio às turbulências da economia e à instabilidade na relação trabalhista no Brasil, a GP é uma estratégia que desempenha importante papel no planejamento da gestão organizacional e amplia as pretensões de desenvolvimento e competitividade no âmbito do mercado corporativo e das pessoas. Se, por um lado, as empresas precisam entender a dinâmica do cenário econômico e decidir com especialização e inovação, por outro, os gestores precisam assumir a responsabilidade por uma atuação mais estratégica e compartilhada com as pessoas. Essa condição aumenta o leque de oportunidades para se atingir melhores resultados, com convergência de propósitos, garantindo sustentabilidade em termos de competências organizacionais e profissionais.

As empresas que adotam esse modelo passam a incentivar cada vez mais a participação individual e coletiva dos colaboradores nas decisões, como estratégia para compartilhar ideias e experiências e, com isso, elevar o nível de satisfação para atingir resultados mútuos. Contudo, esses resultados podem ser atingidos com apoio e *feedback* que os gestores são capazes de oferecer à equipe. Isso inclui orientação adequada durante conflitos, postura de um líder que procura a todo instante equilibrar suas ações entre empenho, dedicação e desempenho no trabalho. De modo contrário, esses planos podem não se concretizar e, ainda, gerar insatisfação, comprometendo a produtividade.

Cabe aos gestores a preocupação de reconhecer empenho e dedicação no trabalho e não apenas reconhecer o desempenho, saber se as pessoas enxergam a empresa como viável para o seu desenvolvimento profissional e permanência, comportamento este identificado quando entendem os propósitos da empresa, fundamental para que haja engajamento. Portanto, todos os gestores são protagonistas e responsáveis pelo planejamento e administração da gestão com as pessoas. Proporcionar um ambiente propício ao desenvolvimento, com responsabilidade, é fator que contribui para identificar soluções construtivas e melhorias contínuas.

Um dos departamentos estratégicos que contribui para as ações de GP é o Recursos Humanos (RH) e seus subsistemas, em particular o Departamento de Pessoal (DP), considerado tradicional e extremamente burocrático pelas suas atribuições legais, mas que, com as alterações na Consolidação das Leis do Trabalho (CLT) pela Reforma Trabalhista e outras importantes medidas, amplia o seu foco de atuação para assuntos mais relevantes, como as alterações na relação de emprego e a transparência das informações da folha onerosa da empresa perante aos órgãos competentes. O impacto dessas medidas afeta diretamente as práticas e decisões internas de trabalho, os cuidados com o monitoramento da saúde dos trabalhadores e a efetividade administrativa e fiscal da empresa.

Figura 1.1 – Recursos Humanos é um departamento estratégico, que auxilia a empresa na gestão de seus funcionários.

Essas mudanças trazem também novos contornos até então pouco explorados por este subsistema, ou seja, a integração de informações contábeis, jurídicas e de saúde e segurança do trabalho. Tal integração é um salto de qualidade nas atribuições do DP com os gestores na empresa, pois provoca uma proximidade maior com os gestores e garante melhor entendimento das necessidades, ampliando suas responsabilidades e fomentando a administração das equipes com informações mais estratégicas e que melhoram as decisões, seja no âmbito profissional ou disciplinar.

Na administração destas informações, o DP orienta os gestores e demais pessoas sobre as rotinas e os procedimentos que afetam os relacionamentos e cuida para que as decisões estejam compatíveis com as exigências legais atualizadas.

Com a modernização e a flexibilização das relações trabalhistas, o DP se transforma: deixa de ser um órgão controlador da legislação social e trabalhista e passa a atuar como um órgão mais automatizado e ágil nos processos. Isso proporciona redução de tempo de trabalho e maior produtividade com o gerenciamento das informações, que agora é feito de maneira mais eficaz. A organização dos documentos se torna mais eficiente, facilitando a consulta e a análise.

As novas atribuições do DP incluem a necessidade de repensar os processos, de forma digital e integrada, principalmente para garantir informações com mais qualidade, simplificar atividades, reduzir gastos e tomar decisões mais ágeis e assertivas.

O DP passa a requerer uma postura profissional mais estratégica e flexível, alinhando suas práticas com as estratégias dos gestores, pois as decisões internas refletem no resultado das informações que impactam na vida profissional de todas as pessoas na empresa. A legislação moderniza as relações trabalhistas e inverte a cadeia de valores das matérias trabalhistas, previdenciárias e tributárias.

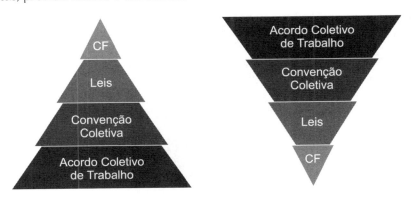

Figura 1.2 – Cadeia de valores das matérias trabalhistas.
Fonte: adaptado da Constituição Federal de 1988.

O ponto central das medidas estipuladas pelo governo federal se baseia na afirmativa que o negociado passa a prevalecer sobre o legislado, obedecendo o que é "lícito" e "ilícito" em uma negociação (Arts. 611-A e B).

Outros pontos relevantes das medidas reformistas:

a) garantia dos direitos trabalhistas;
b) processos mais simplificados;
c) unificação das informações;
d) redução da informalidade;
e) monitoramento da saúde dos trabalhadores.

O DP torna-se mais participativo e estratégico, pois o contexto das alterações legais, a partir da Reforma Trabalhista, influencia empresa, empregados e agentes sindicais, que interagem com as decisões internas. Por isso, é importante entender que as mudanças ocorridas no cenário econômico, no emprego e no cenário organizacional contribuíram para o processo de fortalecimento das atribuições, atendendo com competência as exigências para o funcionamento da organização e das demandas legais. Esta postura tem como principal vantagem o ganho na agilidade dos processos, podendo otimizar o tempo com ações que realmente são importantes para a organização.

1.1 Relação entre o Capital e o Trabalho

A legislação que regulamenta as relações entre o capital e o trabalho foi criada pelo Decreto-lei nº 5.452, em 1º de maio de 1943, que aprovou a CLT. A Lei nº 13.467, de 13 de julho de 2017, altera os dispositivos da CLT com foco na Modernização ou Reforma Trabalhista.

Todas as atribuições sociais e trabalhistas que administram as relações de trabalho e emprego no Brasil são determinadas pelo controle expresso da legislação.

Essas relações envolvem as figuras do empregador e do empregado, mediante direitos e deveres recíprocos.

> Art. 2º da CLT – Considera-se empregador a empresa, individual ou coletiva, que, assumindo os riscos da atividade econômica, admite, assalaria e dirige a prestação pessoal de serviço.
>
> Art. 3º da CLT – Considera-se empregado toda pessoa física que prestar serviços de natureza não eventual a empregador, sob a dependência deste e mediante salário.

1.1.1 Relação de Trabalho

São todas as relações jurídicas cujo objeto é o trabalho ou a prestação de serviço de uma pessoa para uma empresa ou de uma empresa para outra empresa. Nessa relação, incluem-se:

a) trabalho sob regime CLT;

b) autônomos;

c) eventuais;

d) avulsos etc.

1.1.2 Relação de Emprego

Essa é a principal relação jurídica do Direito do Trabalho, envolvendo o empregador (Art. 2º) e o empregado (Art. 3º), que é registrado em contrato individual de trabalho e na carteira de trabalho. Além desse trâmite legal de documentos e registros, existem alguns requisitos que devem ser observados para caracterizar o emprego: pessoalidade, habitualidade, subordinação e onerosidade. Veja cada um deles a seguir.

a) **Pessoalidade:** o contrato individual de trabalho é celebrado entre pessoa jurídica e pessoa física com CPF e Carteira de Trabalho.

b) **Habitualidade:** o trabalho deve ser realizado com frequência costumeira.

c) **Subordinação:** o empregado receberá orientações do superior hierárquico.

d) **Onerosidade:** o salário é elemento fundamental na relação de emprego.

> Art. 3º da CLT – Considera-se empregado toda <u>pessoa física</u> que prestar serviços de natureza <u>não eventual</u> a empregador, sob a <u>dependência</u> deste e <u>mediante salário</u>.

Figura 1.3 – Requisitos e características da Relação de Emprego.

No Brasil, além da Consolidação das Leis do Trabalho, existem outras matérias do ordenamento jurídico social e trabalhista que estabelecem novos entendimentos sobre essa relação:

a) **Lei nº 13.874/19:** Declaração de Direitos de Liberdade Econômica.

b) **Lei nº 13.467/17:** altera a Consolidação das Leis do Trabalho (Reforma Trabalhista).

c) **Acordo Coletivo de Trabalho (ACT):** acordo entre uma entidade sindical e uma ou mais empresas que estabelecem regras na relação trabalhista.

d) **Convenção Coletiva de Trabalho (CCT):** acordo entre dois ou mais sindicatos representativos de categorias econômicas e profissionais, que estabelecem regras na relação trabalhista.

e) **Constituição Federal de 1988:** conjunto de leis fundamentais que conduzem a conduta dos cidadãos brasileiros.

f) **Doutrinas:** conjunto de princípios e ideias de juristas, que servem de base para o Direito e fundamentam as decisões judiciais.

g) **Jurisprudências:** conjunto de decisões, aplicações e interpretações das leis.

h) **Súmulas:** interpretação da jurisprudência, que serve para auxiliar decisões de casos análogos.

i) **Normas internas de Trabalho:** estabelecidas e compartilhadas com os trabalhadores.

j) **Contrato Individual de Trabalho.**

Dessa forma, nenhuma negociação coletiva ou individual pode prejudicar a relação trabalhista, ou seja, sem contrariar o previsto na CLT e nas demais matérias legais.

O Departamento de Pessoal (DP) é o processo de Gestão de Pessoas que cuida dos aspectos legais das relações de trabalho e emprego. Por ser considerada por muitos como uma atividade unicamente burocrática, pode reunir também ações estratégicas e tornar-se um importante meio de informações gerenciais.

A sistemática de trabalho do DP está baseada no controle dos dados pessoais, profissionais e disciplinares de todos os colaboradores da empresa:

a) **Dados pessoais:** controle das alterações de nome, estado civil, dependentes, endereço etc.

b) **Dados profissionais:** controle de frequência, atestados, folha de pagamento, afastamentos, treinamentos, promoções, transferências, certificados etc.

c) **Dados disciplinares:** controle de qualquer dispositivo legal aplicado (advertência, suspensão etc.).

Em suma, são dados que geram informações, servindo de subsídio para decisão ou outras ações importantes dos gestores dos diversos departamentos, além de atender às exigências dos órgãos reguladores, como Secretaria Especial de Previdência e Trabalho; Secretaria Especial da Receita Federal do Brasil; e Instituto Nacional do Seguro Social.

As principais atividades do Departamento de Pessoal são:

a) **Escrituração digital:** administrar a base de informações legais do empregador e dos colaboradores; gerar e transmitir os arquivos digitais com as informações da Folha de Pagamento da empresa e o monitoramento da saúde dos trabalhadores.

b) **Integração/socialização:** deve ser feito no primeiro dia de trabalho, momento em que o colaborador recebe todas as informações necessárias para a sua permanência na empresa (normas e procedimentos internos e legais).

c) **Controle dos dispositivos legais:** aplicação da legislação em todos os âmbitos.

d) **Relatórios gerenciais:** gerar relatórios que atendam às necessidades estratégicas da gestão da empresa (por exemplo, provisões, gestão de custos e benefícios, sistemas de remuneração e os indicadores de desempenho da mão de obra – "KPI's").

e) **Mantenedor de documentos:** controle da temporalidade dos documentos da empresa e dos colaboradores relacionados ao trabalho e emprego.

Não menos importante do que qualquer outro processo, o Departamento de Pessoal possui um "tesouro nas mãos" quando o assunto é informação. Quando a empresa e os responsáveis pela gestão de pessoas conseguem aproveitar essas informações em benefício de decisões quanto ao desenvolvimento organizacional e o crescimento profissional, também podem criar uma interdependência capaz de produzir resultados rápidos e econômicos.

1.2 Sistema de Escrituração Digital da Folha de Pagamento da Empresa

O novo sistema de escrituração digital das obrigações trabalhistas, previdenciárias e tributária da Folha de Pagamento da empresa passou a integrar o Sistema Público de Escrituração Digital (SPED), que desde 2007 incorpora o avanço na informatização das informações entre o Fisco e os contribuintes.

De modo geral, consiste na modernização da sistemática atual de cumprimento das obrigações quanto aos aspectos da administração contratual, previdenciária, incluindo as do âmbito de controle da saúde e segurança e de fiscalização tributária.

Trata-se de um esforço conjunto do Ministério da Economia e dos órgãos fiscalizadores para aumentar a eficácia e efetividade dos controles, unificando o envio de informações da relação entre empregadores e empregados constituídos.

1.2.1 Legislação (Portaria nº 300, de 13 de junho de 2019)

Os dispositivos legais que regulamentam as iniciativas do governo federal revelam a necessidade de um novo sistema de controle capaz de racionalizar e fiscalizar os processos e rotinas provenientes da folha onerosa das empresas.

Seus objetivos são:

a) promover a integração dos Fiscos, mediante padronização e compartilhamento de informações contábeis e fiscais, respeitadas as restrições legais;

b) racionalizar e uniformizar as obrigações acessórias para os contribuintes, com o estabelecimento de transmissão única de distintas obrigações de diferentes órgãos fiscalizadores;

c) tornar mais célere a identificação de ilícitos tributários, com a melhoria do controle dos processos, a rapidez no acesso às informações e a fiscalização mais efetiva das operações com o cruzamento de dados e auditoria eletrônica.

1.2.2 Vantagens do Sistema de Escrituração Digital

Incorporado ao SPED, o sistema busca eliminar a informalidade quanto às obrigações trabalhistas, previdenciárias e fiscais entre empregadores e empregados constituídos. Também aumenta a qualidade e a confiabilidade com que as informações serão prestadas, pois o sistema criado obriga as empresas a validarem os arquivos gerados durante o processo.

Além disso, incorpora a fiscalização à distância (on-line), acelerando o processo de verificação das inconsistências geradas mês a mês, e o respectivo aumento da arrecadação. Neste caso, a gestão do negócio passa a requerer o envolvimento mais efetivo das áreas quanto aos aspectos de saúde e segurança do trabalho dos ambientes e dos empregados.

1.2.3 Principais Mudanças

Na esteira da modernidade e da racionalidade que o sistema tecnológico introduz nas rotinas trabalhistas, destacam-se mudanças interessantes que impactam diretamente a qualidade das informações, a gestão dos documentos e os registros legais da empresa, perante os órgãos de controle e fiscalização. São elas:

a) viabiliza a garantia dos direitos previdenciários e trabalhistas aos trabalhadores;

b) aprimora a qualidade das informações das relações de trabalho, previdenciárias e fiscais entre empregadores e empregados constituídos;

c) simplifica e substitui no decorrer da implantação do sistema o cumprimento de obrigações burocráticas acessórias: livro de registro de empregados; Folha de Pagamento; Guia da Previdência Social (GPS); Guia de Recolhimento do FGTS e de Informações à Previdência (GFIP); Relação Anual de Informações Sociais (Rais); Cadastro Geral de Empregados e Desempregados (Caged); Declaração do Imposto de Renda Retido na Fonte (Dirf); Comunicação de Acidente de Trabalho (CAT); Perfil Profissiográfico Previdenciário (PPP); Manual Normativo de

Arquivos Digitais (Manad); termo de rescisão do contrato de trabalho; formulário do seguro-desemprego.

1.2.4 Aspectos Técnicos

O sistema exige das empresas a utilização da tecnologia para o cumprimento das obrigações trabalhistas.

É necessário atender aos requisitos técnicos desde a implantação, processamento, envio e recepção dos arquivos gerados on-line (web).

a) **Procedimentos técnicos do empregador**

- Geração das informações e dos arquivos pelo sistema próprio ou pelo Ambiente Nacional (on-line).
- Conferência de inconsistências e transmissão das informações para o Ambiente Nacional do eSocial com assinatura digital (certificado ICP – Brasil: A1 ou A3 [PF e PJ]), que garante a integridade e a autoria do emissor.
- Poderão utilizar código de acesso: empresas optantes pelo Simples Nacional, pequeno produtor rural e CI, equiparado à empresa, todos com até sete empregados, e o MEI.
- Do empregador doméstico, serão aceitas as procurações emitidas pela Caixa, por meio da Conectividade Social, e pela RFB. Será permitido ao outorgante repassar os poderes para transmissão de eventos eSocial para um CNPJ ou CPF. O outorgado, ao receber tais poderes, poderá enviar todos os eventos do eSocial.

1.3 Ambiente Nacional

Após ter gerado todos os arquivos digitais relacionados com as obrigações da folha de pagamento e enviados pelo eSocial, o sistema automaticamente valida o envio ou informa possíveis inconsistências dos arquivos.

a) Recebimento e validação das informações e arquivos gerados pela empresa.

b) Retorna com mensagem de orientação para a empresa:

- protocolo e recibo de envio; ou
- mensagem de erro.

c) Compartilhamento das informações entre as administrações tributárias.

1.3.1 Estrutura do Ambiente Nacional

A estrutura é composta por eventos e tabelas, que distinguem as empresas pelo faturamento, ME e EPP optantes pelo SIMPLES, MEI, empregadores pessoas físicas (exceto domésticos), entidades sem fins lucrativos, entes públicos de âmbito federal e as organizações internacionais, entes públicos de âmbito estadual e o Distrito Federal, entes públicos de âmbito municipal, as comissões polinacionais e os consórcios públicos.

a) **Eventos:** identificam o empregador/contribuinte, contendo dados básicos de sua classificação fiscal e estrutura administrativa; eventos que têm periodicidade previamente definida para a sua ocorrência (por exemplo: Folha de Pagamento, retenção de INSS, IRRF etc.); eventos que não têm uma data pré-fixada para ocorrer (por exemplo: admissão, alteração de salário, afastamentos, desligamento etc.).

b) **Tabelas:** as informações consolidadas nas tabelas são utilizadas para validar os eventos.

1.4 ATIVIDADES AFETADAS NO PROCESSO DE IMPLANTAÇÃO DO SISTEMA

No processo de implantação do sistema, algumas atividades são afetadas em virtude da informatização e pela natureza das obrigações. Cabe lembrar que a finalidade do sistema é eliminar com a informalidade e aumentar a velocidade com que as informações trabalhistas, previdenciárias e fiscais são geradas nas empresas.

a) **Eventos trabalhistas:** admissão, afastamentos temporários, comunicação de aviso prévio, Comunicação de Acidente de Trabalho (CAT), Atestado de Saúde Ocupacional (ASO), entre outros.
b) **Folha de Pagamento (web).**
c) **Retenções.**
d) **Gestão de riscos ambientais:** informação eletrônica sobre as condições e riscos ambientais, informações do ASO e trabalho em condições especiais.
e) **Gestão de processos:** revisão de processos e rotinas, integração da comunicação entre as áreas da empresa e plano de ação para eliminar os riscos legais e operacionais.
f) **Gestão de Pessoas:** definição das responsabilidades e dos papéis para atender ao fluxo de informações, além dos pagamentos de tributos em diferentes formas de contratação de pessoas.
g) **Fiscalização:** disponibilização eletrônica dos registros da empresa e da Folha de Pagamento, facilitando a identificação de possíveis infrações.

2

CONTRATAÇÃO

Departamento de Pessoal representa uma área estratégica, que apoia a gestão nas empresas. O relacionamento entre o Departamento de Pessoal e os trabalhadores, considerado por muitos como conflitante, é o processo que facilita a permanência e a retenção da força de trabalho.

Figura 2.1 – O Departamento de Pessoal é o elo entre a empresa e os funcionários.

A orientação adequada e o acompanhamento contínuo por parte do Departamento de Pessoal aos trabalhadores solucionam, em grande parte, os conflitos existentes e as ansiedades em relação aos controles dentro da empresa.

A contratação é o ponto de partida para as atribuições do Departamento de Pessoal, concretizada quando o requisitante da vaga de emprego define a melhor opção entre os candidatos selecionados. Desse modo, para o início efetivo do candidato escolhido, é necessário entender o processo seguinte: a admissão.

2.1 Processo de Admissão

O requisitante encaminha o candidato para o Departamento de Pessoal, no qual receberá a relação dos documentos pessoais e profissionais para a sua futura admissão na empresa.

A legislação social e trabalhista exige que todo trabalho formalizado (CLT) seja precedido dos respectivos registros e documentos legais, sendo responsabilidade da empresa a efetiva **admissão**. O candidato deve entender que todos os documentos são de extrema importância, para que não restem dúvidas quanto ao preenchimento de todos os registros previstos.

Na Consolidação das Leis do Trabalho (CLT), Art. 2º, há evidência legal sobre a admissão.

> Art. 2º da CLT – Considera-se empregador a empresa, individual ou coletiva, que, assumindo os riscos da atividade econômica, **admite**, assalaria e dirige a prestação pessoal de serviço. (grifo nosso)

Os requisitos legais para que uma contratação gere uma admissão são: documentos pessoais em ordem e aptidão médica no documento Atestado de Saúde Ocupacional (ASO, exames médicos).

> Art. 3º da CLT – Considera-se empregado toda pessoa física que prestar serviços de natureza não eventual a empregador sob a dependência deste e mediante salário.

> **Modelo**
>
> ### Solicitação de Documentos
>
> Nome: _____
>
> Cargo: _____
>
> _____ Documentos de Escolaridade ou Formação Acadêmica
> _____ Exame Médico Admissional (NR-07)
> _____ Carteira de Identidade (RG)
> _____ Cadastro de Pessoa Física (CPF)
> _____ Título de Eleitor
> _____ Certificado de Alistamento ou Reservista
> _____ Carteira de Trabalho e Previdência Social (CTPS)
> _____ Cartão do PIS (caso não seja o primeiro emprego)
> _____ Fotos 3 × 4
> _____ Possui conta-corrente?   ( ) Sim   ( ) Não   Banco: _____
> _____ Agência: _____ Conta-corrente: _____
> _____ Carteira Nacional de Habilitação (CNH) - quando motorista
> _____ Certidão de Nascimento (quando solteiro)
> _____ Certidão de Casamento
> _____ Certidão de Nascimento dos filhos menores de 24 anos
> _____ Comprovante (Caderneta) de Vacinação dos filhos menores de 14 anos
> _____ Comprovante de Residência
> _____ Atestado de Saúde Ocupacional (ASO) demissional da empresa anterior (NR-07)
> _____ Atestado de frequência escolar dos filhos entre 7 e 14 anos
> _____ Atestado de antecedentes
>
> **Não será permitida a admissão do funcionário sem os documentos citados.**
>
> **Departamento de Pessoal**

Para uma pessoa ser considerada pessoa física, é necessário que esteja com o CPF regular, caso contrário, poderá haver impedimentos para a continuidade da admissão.

Quanto ao aspecto relacionado à saúde ocupacional, a Norma Regulamentadora nº 7 (NR-07) – Programa de Controle Médico de Saúde Ocupacional (PCMSO), da Secretaria de Segurança e Saúde do Trabalhador, e o Art. 168 da CLT, definem as regras para a implementação do programa nas empresas:

a) cabe à empresa contratar e manter o médico do trabalho para coordenar o programa;

b) a empresa deve encaminhar os candidatos para os exames médicos antes da admissão efetiva;

c) o médico do trabalho deve elaborar o documento ASO, que atestará ou não a aptidão do candidato para o cargo;

d) o candidato que estiver apto para exercer as atividades do cargo será encaminhado à empresa;

e) o candidato que estiver inapto terá a sua admissão interrompida, cabendo ao médico as orientações e os encaminhamentos necessários.

É importante salientar também que tanto o Departamento de Pessoal quanto o candidato são responsáveis pelas informações, e que o processo completo significa menos incertezas na admissão.

O processo de admissão torna-se legalmente realizado quando o Departamento de Pessoal cumpre com todos os dispositivos e não permite que nenhuma lacuna cause riscos para a relação de emprego.

DOCUMENTOS E REGISTROS

3

Quando se trata de matéria legal trabalhista, os documentos pessoais e o Atestado de Saúde Ocupacional (ASO) são o ponto de partida para que a empresa realize, obrigatoriamente, os registros legais de controle internos e os de cadastros nos órgãos competentes. Esses registros oficiais estabelecem o vínculo que a empresa deseja manter com o empregado ou o prestador de serviços, sobretudo para que os órgãos de fiscalização possam obter informações atualizadas e acessíveis, essencial para maior transparência sobre os efeitos da relação de trabalho.

De acordo com a Consolidação das Leis do Trabalho (CLT), os documentos relacionados a seguir são fundamentais para a admissão. São ainda mais importante por causa da vasta gama de obrigações trabalhistas e das normas estabelecidas pela legislação. Manter tudo atualizado e acessível também é essencial para as organizações que desejam obter certificações de qualidade, o que confere mais valor aos seus serviços. Obviamente, não adianta nada ter esses documentos em mãos se eles apresentarem dados desatualizados. Por isso, é essencial manter um gerenciamento adequado para cada tipo de documento ou registro.

a) Carteira de Trabalho e Previdência Social (CTPS);

b) Cadastro de Pessoa Física (CPF);

c) carteira de identidade (RG);

d) carteira de reservista;

e) certidão de nascimento (quando solteiro);

f) certidão de casamento;

g) certidão de nascimento dos filhos menores de 24 anos (para o Imposto de Renda) e menores de 14 anos (para o salário-família);

h) comprovante de vacinação dos filhos até 7 anos;

i) atestado de frequência escolar dos filhos entre 7 e 14 anos;

j) atestado de antecedentes (criminais, profissionais, processuais etc.);

k) cartão do PIS (caso não seja o primeiro emprego);

l) comprovante de residência;

m) documentos de escolaridade e formação acadêmica.

Figura 3.1 – Carteira profissional é um dos documentos essenciais.

3.1 Atestado de Saúde Ocupacional (ASO) da Empresa Anterior

É recomendado que o trabalhador contratado apresente o Atestado de Saúde Ocupacional (ASO) da empresa anterior, atestando-o como "apto" para exercer uma nova atividade.

Em alguns casos, o trabalhador pode ter adquirido uma doença profissional, ou seja, perda ou redução permanente ou temporária da capacidade para o trabalho (perda auditiva, redução da acuidade visual etc.), conforme o Art. 166 da CLT.

Nesses casos, a empresa contratante deve se resguardar de qualquer passivo trabalhista futuro.

Modelo

Atestado de Saúde Ocupacional (ASO)

Atesto para os devidos fins da NR-07, da Portaria nº 3.214/1978, com nova redação dada pela Portaria nº 24, de 29/12/1994, DOU de 30/12/1994, e Portaria nº 8, de 08/05/96, da Secretaria de Segurança e Saúde do Trabalhador, que o(a) sr(a). _____ _____, portador(a) da CTPS nº _____, série ___, RG nº _____, na função de _____, submeteu-se a exame:

( ) admissional

( ) periódico

( ) retorno ao trabalho

( ) mudança de função

( ) demissional

encontrando-se:

( ) apto(a)   ( ) inapto(a)

para atividade de _____, tendo sido submetido(a) em ___/___/___, _____ (indicar os procedimentos médicos), bem como foram solicitados os seguintes exames complementares: _____
_____
(descrever os riscos ocupacionais específicos existentes, ou na ausência deles, na atividade do empregado, conforme instruções técnicas do SSST).

Local e data.

_____
(carimbo e assinatura do médico encarregado)

_____
(nome do médico coordenador e nº do CRM)

A organização efetiva de todos os documentos do trabalhador refletirá diretamente na qualidade do trabalho do Departamento de Pessoal.

Cabe uma orientação clara e objetiva aos gestores de que a empresa correrá riscos trabalhistas, caso isso não aconteça.

3.2 Registros do Empregador

Quando o trabalhador retorna com os documentos solicitados, o Departamento de Pessoal deve realizar imediatamente os registros legais para a continuidade do processo admissional, de acordo com as exigências do eSocial:

a) registro de empregado;

b) contrato individual de trabalho;

c) encargos de família para fins de Imposto de Renda Retido na Fonte;

d) salário-família;

e) acordo de compensação de horas de trabalho;

f) acordo de prorrogação de horas de trabalho;

g) opção de vale-transporte;

h) autorização para desconto em Folha de Pagamento.

Antes do início efetivo do trabalhador em suas atividades, é necessário que ele seja submetido a exames médicos, por profissional contratado pela empresa que, ao confirmar a sua capacidade laborativa para o cargo determinado, elabora o ASO admissional (NR-07).

O Departamento de Pessoal deve tomar todos os cuidados e assegurar-se de que o trabalhador esteja em perfeitas condições para iniciar as suas atividades na empresa.

> NR-07 – PROGRAMA DE CONTROLE MÉDICO DE SAÚDE OCUPACIONAL
>
> 7.1.1 Esta Norma Regulamentadora – NR estabelece a obrigatoriedade de elaboração e implementação, por parte de todos os empregadores e instituições que admitam trabalhadores como empregados, do Programa de Controle Médico de Saúde Ocupacional – PCMSO, com o objetivo de promoção e preservação da saúde do conjunto dos seus trabalhadores. [...]
>
> 7.3.1 Compete ao empregador:
>
> a) garantir a elaboração e efetiva implementação do PCMSO, bem como zelar pela sua eficácia;
>
> b) custear, sem ônus para o empregado, todos os procedimentos relacionados ao PCMSO; [...]
>
> 7.4.1 O PCMSO deve incluir, entre outros, a realização obrigatória dos exames médicos:

a) admissional;

b) periódico;

c) de retorno ao trabalho;

d) de mudança de função;

e) demissional. [...]

A avaliação clínica referida no item 7.4.2, alínea "a", como parte integrante dos exames médicos constantes no item 7.4.1, deverá obedecer aos prazos e à periodicidade, conforme previsto nos subitens abaixo relacionados:

7.4.3.1 No exame médico admissional, deverá ser realizada antes que o trabalhador assuma suas atividades; [...]

7.4.4 Para cada exame médico realizado, previsto no item 7.4.1, o médico emitirá o Atestado de Saúde Ocupacional – ASO, em duas vias.

7.4.4.1 A primeira via do ASO ficará arquivada no local de trabalho do trabalhador, inclusive frente de trabalho ou canteiro de obras, à disposição da fiscalização do trabalho.

7.4.4.2 A segunda via do ASO será obrigatoriamente entregue ao trabalhador, mediante recibo na primeira via.

7.4.4.3 O ASO deve conter no mínimo:

a) nome completo do trabalhador, o número de registro de sua identidade e sua função;

b) os riscos ocupacionais específicos existentes, ou a ausência deles, na atividade do empregado, conforme instruções técnicas expedidas pela Secretaria de Segurança e Saúde no Trabalho – SSST;

c) indicação dos procedimentos médicos a que foi submetido o trabalhador, incluindo os exames complementares e a data em que foram realizados;

d) o nome do médico coordenador, quando houver, com respectivo CRM;

e) definição de apto ou inapto para a função específica que o trabalhador vai exercer, exerce ou exerceu;

f) nome do médico encarregado do exame e endereço ou forma de contato;

g) data e assinatura do médico encarregado do exame e carimbo contendo seu número de inscrição no Conselho Regional de Medicina. [...]

Art. 168 da CLT – Será obrigatório exame médico, por conta do empregador, nas condições estabelecidas neste artigo e nas instruções complementares a serem expedidas pelo Ministério do Trabalho:

I) na admissão;

II) na demissão;

III) periodicamente. [...]

§ 2º Outros exames complementares poderão ser exigidos, a critério médico, para apuração da capacidade ou aptidão física e mental do empregado para a função que deva exercer.

§ 3º O Ministério do Trabalho estabelecerá, de acordo com o risco da atividade e o tempo de exposição, a periodicidade dos exames médicos. [...]

§ 5º O resultado dos exames médicos, inclusive o exame complementar, será comunicado ao trabalhador, observados os preceitos da ética médica (red. Lei nº 7.855/89). [...]

Art. 169. Será obrigatória a notificação das doenças profissionais e das produzidas em virtude de condições especiais de trabalho, comprovadas ou objeto de suspeita, de conformidade com as instruções expedidas pelo Ministério do Trabalho.

3.3 Carteira de Trabalho Digital

O Secretário Especial de Previdência e Trabalho do Ministério da Economia publicou a Portaria nº 1.065, de 23 de setembro de 2019, que trata da Carteira de Trabalho e Previdência Social (CTPS) Digital.

Já a Portaria nº 1.195, de 30 de outubro de 2019, afirma que todos os dados do trabalhador serão disponibilizados na CTPS Digital por meio do eSocial. Se o empregador fornecer as informações para o registro de empregados no prazo correspondente, não precisará informar novamente para fins de anotação da carteira, pois terá cumprido as duas obrigações com uma única prestação de informações.

As informações que compõem a Carteira de Trabalho Digital serão disponibilizadas automaticamente para o trabalhador no aplicativo ou na página web.[1]

Art. 29 da CLT

[...] O empregador terá o prazo de 5 (cinco) dias úteis para anotar na CTPS, em relação aos trabalhadores que admitir, a data de admissão, a remuneração e as condições especiais, se houver, facultada a adoção de sistema manual, mecânico ou eletrônico, conforme instruções a serem expedidas pelo Ministério da Econo-

---

1 Disponível em: <https://servicos.mte.gov.br/>. Acesso em: 28 jan. 2020.

mia. (Redação dada pela Lei nº 13.874, de 2019). [...]

§ 6º A comunicação pelo trabalhador do número de inscrição no CPF ao empregador equivale à apresentação da CTPS em meio digital, dispensado o empregador da emissão de recibo. (Incluído pela Lei nº 13.874, de 2019).

§ 7º Os registros eletrônicos gerados pelo empregador nos sistemas informatizados da CTPS em meio digital equivalem às anotações a que se refere esta Lei. (Incluído pela Lei nº 13.874, de 2019).

§ 8º O trabalhador deverá ter acesso às informações da sua CTPS no prazo de até 48 (quarenta e oito) horas a partir de sua anotação. (Incluído pela Lei nº 13.874, de 2019).

Figura 3.2 – Mudança para a Carteira de Trabalho Digital.

3.4 Registro de Empregado

O registro de empregado deve ser efetuado pelo empregador concomitantemente à admissão. Além da carteira de trabalho e demais contratos de prestação de serviço, outros documentos devem ser registrados e as anotações atualizadas periodicamente, conforme instruções dos órgãos competentes.

> Art. 41 da CLT – Em todas as atividades será obrigatório para o empregador o registro dos respectivos trabalhadores, podendo ser adotados livros, fichas ou sistema eletrônico, conforme instruções a serem expedidas pelo Ministério do Trabalho.
>
> Parágrafo único. Além da qualificação civil ou profissional de cada trabalhador, deverão ser anotados todos os dados relativos à sua admissão no emprego, duração e efetividade do trabalho, a férias, acidentes e de mais circunstâncias que interessem à proteção do trabalhador (red. Lei nº 7.855/89).

Gestão de Pessoas – Rotinas Trabalhistas e Dinâmicas do Departamento de Pessoal

Modelo de Registro Físico

Registro em Ficha/Livro

(NOME DA FIRMA)	**REGISTRO DE EMPREGADO** — NÚMERO DE ORDEM: **074**

Empresa Exemplo DP Ltda.

Nome do Empregado Antonio José Jr.
Endereço Rua das Verbas, n° 9999 — *Fone* 9999-9999
CIC 999.999.999-99 *Idade* 29 anos - *Nascimento* 01 / 01 / 1967
Local São Paulo *Estado Civil* Solteiro *Nacionalidade* Brasileiro
Grau de Instrução 2º Grau Completo

Cor ____ *Cabelo* ____
Barba ____ *Bigode* ____
Olhos ____
Altura ____
Peso ____

Foto 3x4

Data da Admissão 01 / 02 / 2016 - *Função de* Aux. Administrativo *Filiado ao Sindicato* ____
Admitido na Função de Aux. Administrativo *Código CBO* XX.XXX

FILIAÇÃO
Nome do Pai Antonio José
Nacionalidade Brasileiro *Nome da Mãe* Maria José
Nacionalidade Brasileira *Beneficiários* Os pais

Salário R$ 1.320,00 *Forma de Pagamento* Mensal *Horário de Trabalho* ____
Das 08 *às* 17 *horas - com intervalo de* 1 *horas para refeição - descanso.*

DOCUMENTOS
Carteira Profissional N. 9999 *Série* 999 *Carteira de Menor N.* ____ *Série* ____ *Carteira Trabalhador Rural N.* ____ *Categoria* XX
Série ____ *Órgão Emissor* SSP/SP *Previdência Social* ____ *Certificado Reservista N.* XXXXXXXXXX *Profissional* [X] *Amador* [ ]
Espécie ____ *Título de Eleitor N.* 9999999999 *Zona* XX *Carteira Habilitação N.* XXXXXXX *Nome do cônjuge* ____

QUANDO ESTRANGEIRO *Cart. Modelo 19 N.* ____
Tem filhos brasileiros? ____ *Quantos?* ____ *Data da chegada ao Brasil* ____ *Registro Geral N.* ____ *Casado com brasileira?* ____ *Naturalizado?* ____ *Decreto N.* ____

F G T S *Opção em* 01 / 02 / 2016   **P I S - P A S E P**   *Cadastrado em* 01 / 07 / 1987   **R E S C I S Ã O**   *Data da Saída* ____
Data da Retratação ____   *Sob N.* 9999999 .Banco do mundo   *N. da Homologação* ____   *Órgão onde foi feita a Homologação* ____
Conta vinculada no Banco Caixa Econômica   *Código Agência* XXX
Federal   *Endereço Banco* Rua ...

OBSERVAÇÕES

Recebi os seguintes documentos que me pertencem ____

ASSINATURA NA OCASIÃO DA ADMISSÃO

ASSINATURA EMPREGADO

Data ____ / ____ / ____

ASSINATURA EMPREGADO

Polegar Direito

Modelo de Registro Físico

A Portaria nº 1.195, de 30 de outubro de 2019, também esclarece que apenas os empregadores que escolherem o registro eletrônico de empregados estarão aptos a substituir o livro de registro de empregados. As empresas que não fizerem opção pelo registro eletrônico continuarão a fazer o registro em meio físico. Nesse caso, terão o prazo de um ano para adequarem os documentos (livros ou fichas) ao conteúdo previsto na Portaria.

Os dados de registro devem ser informados ao eSocial até a véspera da data em que o trabalhador começará a prestar seus serviços para a empresa. Por exemplo, se empregado começar a trabalhar no dia 5 de determinado mês, suas informações de registro devem ser inseridas no sistema até o dia 4 daquele mês.

Quadro 3.1 – Prazos previstos para o Registro de Empregados e anotações na Carteira de Trabalho

Obrigação	Prazo do eSocial
• Número no Cadastro de Pessoa Física (CPF); • data de nascimento; • data de admissão; • matrícula do empregado; • categoria do trabalhador; • natureza da atividade (urbano/rural); • código da Classificação Brasileira de Ocupações (CBO); • valor do salário contratual; • tipo de contrato de trabalho em relação ao seu prazo, com a indicação do término quando se tratar de contrato por prazo determinado.	• Até o dia anterior ao início das atividades do trabalhador.
• Nome completo, sexo, grau de instrução, endereço e nacionalidade; • descrição do cargo e/ou função; • descrição do salário variável, quando for o caso; • nome e dados cadastrais dos dependentes; • horário de trabalho ou informação de enquadramento no Art. 62 da CLT; • local de trabalho e identificação do estabelecimento/empresa onde ocorre a prestação de serviço; • informação de empregado com deficiência ou reabilitado; • indicação do empregador para o qual a contratação de aprendiz por entidade sem fins lucrativos está sendo computada no cumprimento da respectiva cota; • identificação do alvará judicial em caso de contratação de trabalhadores com idade inferior à idade legalmente permitida; • data de opção do empregado pelo Fundo de Garantia do Tempo de Serviço (FGTS): nos casos de admissão anterior a 1º de outubro de 2015 para empregados domésticos ou anterior a 5 de outubro de 1988 para os demais empregados; • informação relativa a registro sob ação fiscal ou por força de decisão judicial, quando for o caso.	• Até o dia 15 do mês subsequente ao mês em que o empregado foi admitido.

▶▶

Obrigação	Prazo do eSocial
• Alterações cadastrais e contratuais de que tratam as alíneas "e" a "i" do inciso I e as alíneas "a" a "i" do inciso II; • gozo de férias; • afastamento por acidente ou doença relacionada ao trabalho, com duração não superior a 15 dias; • afastamentos temporários descritos no Anexo da Portaria; • dados de desligamento cujo motivo não gera direito ao saque do FGTS; • informações relativas ao monitoramento da saúde do trabalhador; • informações relativas às condições ambientais de trabalho; • transferência de empregados entre empresas do mesmo grupo econômico, consórcio, ou por motivo de sucessão, fusão, incorporação ou cisão de empresas; • reintegração ao emprego.	• Até o dia 15 do mês seguinte ao da ocorrência.
• Afastamento por acidente ou doença relacionados ou não ao trabalho, com duração superior a 15 dias; • afastamento por acidente ou doença relacionados ou não ao trabalho, com qualquer duração, que ocorrer dentro do prazo de 60 dias pela mesma doença e tiverem em sua totalidade duração superior a 15 dias.	• No 16º dia do afastamento.
• Acidente de trabalho ou doença profissional que resulte em morte; • afastamento por acidente ou doença relacionados ou não ao trabalho, com qualquer duração, quando ocorrer dentro do prazo de 60 dias do retorno de afastamento anterior pela mesma doença, que tenha gerado recebimento de auxílio-doença.	• Imediato.
• Acidente de trabalho que não resulte em morte ou a doença profissional.	• Até o 1º dia útil seguinte ao da ocorrência.
• Dados de desligamento cujo motivo gera direito a saque do FGTS.	• Até o 10º dia seguinte ao da ocorrência.

Fonte: Brasil (2019).

3.5 Cadastro NIS/PIS

Quando o trabalhador inicia as suas atividades no mercado de trabalho (primeiro emprego), é necessário cadastrá-lo na Caixa Econômica Federal (CEF) no Programa de Integração Social.

De acordo com o portal da Caixa,[2] o cadastro NIS é uma solução para empregadores que necessitam de uma resposta rápida do Número de Identificação Social, proporcionando conveniência e modernidade na hora de cadastrar seus empregados, por meio do

---

2   Disponível em: <http://www.caixa.gov.br/cadastros/nis>. Acesso em: 20 jan. 2020.

Conectividade Social (CNS). É uma solução que permite a identificação do trabalhador nos diversos cadastros, bem como do cidadão brasileiro beneficiário de programas sociais ou que se enquadre nas condições estabelecidas pelas políticas públicas dos governos federal, estadual e municipal.

A Caixa disponibiliza para todas as empresas a opção de cadastramento em lote de seus empregados, para que sejam cadastrados de uma só vez, sem a necessidade de um cadastro individual.

Uma inscrição NIS é atribuída apenas para fins de identificação aos cidadãos que tenham ou possam vir a ter direito a benefícios sociais. No momento em que o cidadão passa a ter um vínculo empregatício, a inscrição NIS é cadastrada no Programa de Integração Social, tornando-se uma inscrição PIS, que é uma inscrição NIS com a informação de vínculo empregatício.

O cadastramento possibilita ao trabalhador a consulta e o saque aos benefícios sociais administrados pela Caixa, caso tenha direito, como FGTS, seguro-desemprego e abono salarial do PIS.

3.6 Contrato Individual de Trabalho

Para que se caracterize o processo de admissão, as partes elaboram um contrato para garantir a relação de emprego, determinado pela CLT (Arts. 442 a 454).

O Contrato Individual de Trabalho é um acordo que expressa o compromisso entre as partes, no qual o trabalhador presta os serviços com responsabilidade e o empregador prové recursos e alternativas para o desenvolvimento profissional, além de ambos respeitarem a legislação trabalhista, conforme o que determina os Arts. 2º e 3º da CLT.

3.6.1 Por Prazo Determinado

O contrato por prazo determinado estabelece o início e o término da prestação de serviço. A CLT descreve três situações para a celebração desse tipo de contrato:

a) realização de serviço transitório (substituição em férias, licenças etc.);

b) atividades empresariais transitórias (sazonalidades como Páscoa, Natal etc.);

c) contrato de experiência.

A duração do contrato nas duas primeiras situações é limitada a dois anos, podendo ser renovado por uma única vez, sob pena de passar a vigorar por prazo indeterminado. Na terceira situação, o prazo máximo é de 90 dias.

Art. 443 da CLT – O contrato individual de trabalho poderá ser acordado tácita ou expressamente, verbalmente ou por escrito, por prazo determinado ou indeterminado, ou para prestação de trabalho intermitente.

§ 1º Considerase como de prazo determinado o contrato de trabalho cuja vigência dependa de termo prefixado ou da execução de serviços especificados ou ainda da realização de certo acontecimento suscetível de previsão aproximada.

§ 2º – O contrato por prazo determinado só será válido em se tratando:

a) de serviço cuja natureza ou transitoriedade justifique a predeterminação do prazo;

b) de atividades empresariais de caráter transitório;

c) de contrato de experiência.

Art. 445 da CLT – O contrato de trabalho por prazo determinado não poderá ser estipulado por mais de 2 (dois) anos, observada a regra do Art. 451.

Art. 451 da CLT – O contrato de trabalho por prazo determinado que, tácita ou expressamente, for prorrogado mais de uma vez, passará a vigorar sem determinação de prazo.

Lei nº 9.601/98 – Art. 1º As convenções e os acordos coletivos de trabalho poderão instituir contrato de trabalho por prazo determinado, de que trata o Art. 443 da Consclidação das Leis do Trabalho – CLT, independentemente das condições estabelecidas em seu § 2º, em qualquer atividade desenvolvida pela empresa ou estabelecimento, para admissões que representem acréscimo no número de empregados.

3.6.2 De Experiência

A experiência proporciona análise e avaliação das expectativas que um deposita no outro. Tanto a empresa como o trabalhador investem tempo e conhecimentos, objetivando, ao término do período experimental, chegar à conclusão de que um está adequado ao outro.

No final desse período, a empresa precisa decidir se o trabalhador está apto ou não a continuar. O trabalhador, durante o período ou no seu término, pode decidir se continua ou não na empresa.

Art. 443 da CLT, alínea "c" [...]

Art. 445 da CLT

Parágrafo único. O contrato de experiência não poderá exceder 90 (noventa) dias.

O contrato de experiência pode ser estipulado por dois períodos iguais, desde que não seja superior aos 90 dias previstos (por exemplo, 45 dias + 45 dias ou outros períodos previstos em acordo coletivo). O contrato de trabalho deve conter:

a) qualificação da empresa (dados jurídicos);
b) qualificação do trabalhador (dados pessoais e documentos);
c) condições do trabalho (função, local, horário);
d) condições (remuneração, prazos e descontos);
e) data da admissão;
f) local e data;
g) assinatura da empresa e do funcionário;
h) testemunhas.

3.6.3 Por Prazo Indeterminado

Esse é o contrato mais importante na legislação social e trabalhista, pois reitera o princípio da continuidade da relação de emprego. Esse princípio protege a preservação do emprego; possibilita que o empregador avalie melhor as competências do trabalhador; e também garante que o trabalhador adquira mais experiência e um conjunto mais amplo de direitos.

Existem também outras modalidades de contrato:

a) terceirização;
b) cooperativas;
c) temporários;
d) estagiários;
e) domésticos;
f) autônomos;
g) tempo parcial;
h) trabalho intermitente;
i) teletrabalho (*home office*).

3.6.4 Terceirização

O Tribunal Superior do Trabalho (TST) estipulou alguns requisitos básicos em uma terceirização:

a) Contrato que permite que as empresas contratem prestadores de serviço terceirizado para exercer qualquer atividade na empresa, inclusive a atividade-fim. A Lei nº 13.429/2017 exige uma quarentena de 18 meses para as empresas contratarem seus funcionários como terceirizados (Pessoa Jurídica – PJ). Ou seja, o empregado que for demitido não poderá ser contratado por empresa prestadora de serviços e atuar como funcionário terceirizado dessa empresa.

b) A lei determina que o funcionário terceirizado terá o mesmo acesso às instalações da empresa em que trabalham os demais funcionários, e direito às mesmas condições de alimentação no refeitório, serviços de transporte, ambulatórios e sanitários.

3.6.4.1 Cooperativa

A cooperativa de trabalho ou de serviços é formada por indivíduos autônomos e que permanecem assim até o final. As atividades são divididas com igualdade de oportunidades e os ganhos são repartidos proporcionalmente.

Normalmente existe uma direção, mas sem a característica de "patrão", que administra a operação da cooperativa. Não existe vínculo empregatício e acompanha os preceitos do trabalho temporário quanto à continuidade e à subordinação do trabalho; caso contrário, descaracteriza-se o trabalho cooperado.

> Art. 442 da CLT – Contrato Individual de Trabalho é o acordo tácito ou expresso, correspondente à relação de emprego.
>
> Parágrafo único. Qualquer que seja o ramo de atividade da sociedade cooperativa, não existe vínculo empregatício entre ela e seus associados, nem entre estes e os tomadores de serviços daquela (red. Lei nº 8.949/94, DOU, 9.12.94).

3.6.4.2 Temporário

O trabalho temporário está relacionado à necessidade transitória de mão de obra por parte das empresas, principalmente quando existe sazonalidade, ou seja, picos de produção para atender às necessidades dos clientes. Exemplo: empresas de chocolate quando precisam atender à demanda na Páscoa; de sorvete, bebidas, refrigerantes para atender os clientes no verão etc.

Também nos casos de substituição temporária de trabalhador (férias, afastamentos diversos), a empresa pode utilizar essa modalidade de contrato. Esse tipo de contrato é regido pela Lei nº 13.429/2017, que altera a Lei nº 6.019/1974.

É firmado entre a empresa contratante de serviço e a empresa fornecedora de mão de obra temporária, devidamente autorizada pela Delegacia Regional do Trabalho (DRT), que coloca à disposição trabalhadores selecionados para suprir uma situação transitória. O prazo do contrato não pode exceder 180 dias para cada trabalhador temporário, salvo autorização de prorrogação de mais um período igual de 90 dias, consecutivos ou não, quando comprovada a manutenção das condições que o ensejaram.

O contrato deve conter a finalidade da prestação de serviço. São direitos do trabalhador temporário:

- contrato escrito com a prestadora de serviço;
- anotação na Carteira de Trabalho e Previdência Social;
- salário compatível com os trabalhadores da contratante;
- jornada de trabalho condizente com o previsto na legislação;
- repouso semanal remunerado;
- seguro acidente de trabalho;
- vale-transporte;
- saque do FGTS quando encerrar o contrato temporário;
- férias proporcionais;
- 13º salário proporcional.

Observação | O trabalhador temporário não tem direito a seguro-desemprego.

3.6.4.3 Estagiário

De acordo com a Lei nº 11.788, de 25 de setembro de 2008, as empresas privadas, órgãos da administração pública direta, autarquias, bem como profissionais liberais de nível superior devidamente registrados em seus respectivos conselhos de fiscalização profissional poderão contratar na modalidade de estagiário aluno regularmente matriculado em curso vinculado ao ensino público e particular, desde que obedecendo aos seguintes critérios:

a) Apenas estudantes que estejam frequentando o ensino regular, superior, educação profissional, de ensino médio, educação especial e dos anos finais do ensino fundamental na educação de jovens e adultos.

b) Deve ser elaborado um termo de compromisso entre as partes (empresa, estagiário e instituição de ensino). A instituição de ensino intervém para que sejam cumpridas as exigências legais.

c) Não há vínculo empregatício entre estagiário e empresa contratante. Da mesma forma, a empresa não é obrigada a pagar nenhum valor pelo desenvolvimento das atividades, e sua única exigência legal é a contratação de seguro de vida e acidentes pessoais compatível com o mercado e respectivo registro da apólice no termo de compromisso.

d) Na existência de pagamento, é considerada "bolsa" ou outra forma de contraprestação expressa para o estudante.

e) A concessão de possíveis benefícios (transporte, alimentação, saúde, entre outros) não será caracterizado como vínculo empregatício.

f) A duração do estágio na mesma concedente não poderá ser superior a dois anos, exceto para estudantes portadores de deficiência.

g) O estágio deve ser realizado em horário que não coincida com o horário de aula e de provas.

h) O estágio deve ser acompanhado efetivamente pelo professor orientador da instituição de ensino e pelo supervisor da parte concedente, sempre comprovado por vistos em relatório específico.

i) Recesso remunerado a partir de um ano de estágio (caso o estagiário receba bolsa ou outra forma de contraprestação) de 30 dias, a ser gozado preferencialmente durante as suas férias escolares.

j) O recesso remunerado será proporcional se o contrato tiver duração inferior a um ano.

k) Quanto ao número de estagiários em relação ao quadro de pessoal das entidades concedentes de estágio, deve atender às seguintes proporções:

Quadro 3.2 – Proporções

De 1 a 5 empregados	1 estagiário
De 6 a 10 empregados	Até 2 estagiários
De 11 a 25 empregados	Até 5 estagiários
Acima de 25 empregados	Até 20% de estagiários

l) Considera-se quadro de pessoal o conjunto de trabalhadores empregados existentes no estabelecimento do estágio.

3.6.4.4 Doméstico

É aquele que presta serviço doméstico de natureza contínua e de finalidade não lucrativa à pessoa ou à família em sua residência (Lei nº 5.859/1972).

Com a aprovação da Lei Complementar nº 150, de 1º de junho de 2015, que regulamentou a Emenda Constitucional nº 72/2013 (PEC nº 66/2012), os empregados domésticos passaram a gozar de novos direitos.

São direitos dos empregados domésticos:

a) **Carteira de Trabalho e Previdência Social (CTPS):** deve ser assinada, especificando-se as condições do contrato de trabalho (data de admissão, salário e condições especiais, se houver). Devem ser efetuadas no prazo de 48 horas, após entregue a carteira pelo empregado, quando da sua admissão. A data de admissão a ser anotada corresponde à data do primeiro dia de trabalho, mesmo em contrato de experiência (Art. 5º do Decreto nº 1.885, de 9 de março de 1973, e Art. 29, § 1º, da CLT).

b) **Salário-mínimo:** fixado em lei, conforme Art. 7º, parágrafo único, da Constituição Federal.

c) **Irredutibilidade salarial:** conforme previsto no Art. 7º, parágrafo único, da Constituição Federal.

d) **Jornada de trabalho:** é estabelecida pela Constituição Federal de 1988 é de até 44 horas semanais e, no máximo, 8 horas diárias. Os empregados domésticos podem ser contratados em tempo parcial e, assim, trabalhar jornadas inferiores às 44 horas semanais, recebendo salário proporcional à jornada trabalhada.

Mediante acordo escrito entre empregador e empregado doméstico, pode ser adotada a jornada de 12 a 36 horas, que consiste em o empregado trabalhar por 12 horas seguidas e descansar por 36 horas ininterruptas.

Conforme a Lei Complementar nº 150/2015, o intervalo intrajornada pode ser concedido ou indenizado. Assim, se o empregado trabalhar as 12 horas seguidas, sem intervalo, terá direito a receber o valor de uma hora com o adicional de 50%. O descanso semanal, os feriados e as prorrogações do horário noturno, quando houver, já estão compensados na jornada 12 a 36 horas. Essa jornada é mais comum, na relação de emprego doméstico, para os empregados que trabalham na área da saúde.

e) **Hora extra:** o adicional respectivo será de, no mínimo, 50% a mais que o valor da hora normal (Art. 7º, parágrafo único, da Constituição Federal). Quando da ocorrência de jornada extraordinária, deve haver o pagamento de cada hora extra com o acréscimo de, pelo menos, 50% sobre o valor da hora normal. O valor da hora normal do empregado é obtido pela divisão do valor do salário mensal (bruto) pelo divisor correspondente. O valor encontrado deverá ser acrescido de 50%, encontrando-se o valor da hora extraordinária.

f) **Banco de horas:** a lei institui o regime de compensação de horas extraordinárias (banco de horas) para o empregado doméstico, com as seguintes regras:

- será devido o pagamento das primeiras 40 horas extras excedentes ao horário normal de trabalho;
- as 40 primeiras horas poderão ser compensadas dentro do próprio mês, em função de redução do horário normal de trabalho ou de dia útil não trabalhado;
- o saldo de horas que excederem as 40 primeiras horas mensais poderá ser compensado no período máximo de um ano;
- na hipótese de rescisão do contrato de trabalho sem que se tenha havido a compensação integral da jornada extraordinária, o empregado fará jus ao pagamento das horas extras não compensadas, calculadas sobre o valor da remuneração na data de rescisão.

g) **Remuneração de horas trabalhadas em viagem a serviço:** os empregados domésticos que prestarem seus serviços acompanhando o empregador doméstico em viagem a serviço terão computadas as horas efetivamente trabalhadas na viagem e terão direito a receber um adicional de, no mínimo, 25% sobre o valor da hora normal, para cada hora trabalhada em viagem. O pagamento do adicional pode ser substituído pelo acréscimo no banco de horas, mediante prévio acordo entre as partes. Nesse caso, por exemplo, se o empregado trabalhou 10 horas em viagem a serviço, terá direito a um crédito de 12,5 horas no seu banco de horas, a ser utilizado a critério do empregado.

h) **Intervalo para repouso ou alimentação:** para a jornada de 8 horas diárias, o intervalo para repouso ou alimentação será de, no mínimo, 1 hora e, no máximo, 2 horas. Mediante acordo escrito entre empregado e empregador, o limite mínimo de 1 hora pode ser reduzido para 30 minutos.

Quando a jornada de trabalho não exceder de 6 horas, o intervalo concedido será de 15 minutos.

O empregado poderá permanecer na residência do empregador durante o intervalo para repouso ou alimentação (não computado como trabalho efetivo); entretanto, se o período de descanso for interrompido para o empregado prestar serviço, será devido o adicional de hora extraordinária.

No caso de empregado que resida no local de trabalho, o período de intervalo poderá ser desmembrado em dois períodos, desde que cada um deles tenha, no mínimo, 1 hora, até o limite de 4 horas ao dia. Os intervalos concedidos pelo empregador, não previstos em lei, são considerados tempo à disposição, por isso, devem ser remunerados como serviço extraordinário, se acrescidos ao final da jornada (Enunciado nº 118, do TST).

i) **Adicional noturno:** o empregador doméstico tem de pagar o adicional noturno ao empregado doméstico que trabalha no horário noturno, assim entendido aquele que é exercido das 22 horas de um dia às 5 horas da manhã do dia seguinte. A remuneração do trabalho noturno deve ter acréscimo de, no mínimo, 20% sobre o valor da hora diurna.

Além do pagamento do adicional noturno, o cômputo da quantidade de horas trabalhadas nesse horário é feito levando-se em conta que a hora dura apenas 52 minutos e 30 segundos. Isso significa, na prática, que sete horas contadas no relógio integralmente realizadas no período noturno correspondem a 8 horas trabalhadas.

É importante que se o empregado prorrogar sua jornada, dando continuidade ao trabalho noturno, essa prorrogação será tida como trabalho noturno, mesmo o trabalho sendo executado após às 5 horas da manhã.

j) **Descanso Semanal Remunerado (DSR):** deve ser concedido ao empregado doméstico descanso semanal remunerado de, no mínimo, 24 horas consecutivas, preferencialmente aos domingos, além de descanso remunerado em feriados. O descanso semanal deve ser concedido de forma que o empregado doméstico não trabalhe sete dias seguidos e, havendo trabalho aos domingos, que esse descanso recaia no domingo no máximo na sétima semana (Portaria nº 417, de 10 de junho de 1966, com as alterações da Portaria nº 509, de 16 de junho de 1967) e, se for empregada doméstica, esse descanso deve coincidir com o domingo, no máximo a cada duas semanas (Art. 386, da CLT).

k) **Feriados civis e religiosos:** terão direito de folgar nos feriados nacionais, estaduais e municipais. Caso haja trabalho nesses feriados, o empregador deve proceder ao pagamento do dia em dobro ou conceder uma folga compensatória em outro dia da semana (Art. 9º, da Lei nº 11.324, de 19 de julho de 2006, e Art. 9º, da Lei nº 605/49).

Os empregados contratados para trabalhar na jornada 12 × 36 já têm compensados os feriados trabalhados.

l) **Férias de 30 dias:** terão direito a férias de 30 dias e remuneradas com, pelo menos, um terço a mais do que o salário normal, após cada período de 12 meses de serviço prestado à mesma pessoa ou família, contado da data da admissão (período aquisitivo).

O período de concessão das férias é fixado a critério do empregador e deve ocorrer nos 12 meses subsequentes ao período aquisitivo.

O empregado poderá requerer a conversão de um terço do valor das férias em abono pecuniário, desde que o faça até 30 dias antes do término do período aquisitivo. O pagamento da remuneração das férias será efetuado até dois dias antes do início do respectivo período de gozo.

O período de férias poderá, a critério do empregador, ser fracionado em até dois períodos, sendo um deles de, no mínimo, 14 dias corridos.

Caso o empregado doméstico resida no local de trabalho, é a ele permitida a permanência no local durante o período de suas férias, mas ele não deve desempenhar suas atividades nesse período.

No término do contrato, exceto no caso de dispensa por justa causa, o empregado terá direito à remuneração equivalente às férias proporcionais (Convenção nº 132 da OIT, promulgada pelo Decreto Presidencial nº 3.197, de 5 de outubro de 1999, e Arts. nº 146 a 148, da CLT).

m) **13º salário:** essa gratificação é concedida anualmente, em duas parcelas. A primeira, entre os meses de fevereiro e novembro, no valor correspondente à metade do salário do mês anterior, e a segunda, até o dia 20 de dezembro, no valor da remuneração de dezembro, descontado o adiantamento feito. Se o empregado quiser receber o adiantamento, por ocasião das férias, deverá requerer no mês de janeiro do ano correspondente (Art. 7º, parágrafo único, da Constituição Federal; Lei nº 4.090, de 13 de julho de 1962; e regulamentada pelo Decreto nº 57.155, de 3 de novembro de 1965).

A emissão do recibo de pagamento do adiantamento e da parcela final pode ser feita mediante a utilização no Módulo do Empregador Doméstico do sistema de controle eSocial.

n) **Licença maternidade (licença gestante):** direito à licença maternidade, sem prejuízo do emprego e do salário, com duração de 120 dias (Art. 7º, parágrafo único da Constituição Federal). Durante a licença, a segurada receberá diretamente da Previdência Social, em valor correspondente à sua última remuneração, observado o teto máximo da Previdência.

O salário maternidade é devido independentemente de carência, isto é, com qualquer tempo de serviço. Devida também à segurada que adotar ou obtiver guarda judicial para fins de adoção de criança.

No período de salário maternidade da segurada, caberá ao empregador recolher a parcela do seguro de acidente de trabalho e a contribuição previdenciária a seu cargo, sendo que a parcela devida pela empregada será descontada pelo INSS no benefício. O FGTS e a indenização compensatória pela perda de emprego também deverão ser recolhidos pelo empregador durante a licença maternidade.

o) **Licença paternidade:** de cinco dias corridos para o empregado, a contar da data do nascimento do filho (Art. 7º, parágrafo único, da Constituição Federal, e Art. 10, § 1º, das Disposições Constitucionais Transitórias).

p) **Auxílio doença:** será pago pelo INSS a partir do primeiro dia de afastamento. Esse benefício deverá ser requerido, no máximo, até 30 dias do início da incapacidade. Caso o requerimento seja feito após o 30º dia de afastamento da atividade, o auxílio doença só será concedido a contar da data de entrada do requerimento (Art. 72 do Decreto nº 3.048, de 6 de maio de 1999).

q) **Vale-transporte:** a Lei Complementar nº 150/2015 permite ao empregador doméstico a substituição do vale-transporte pelo pagamento em dinheiro para a aquisição das passagens necessárias ao seu deslocamento residência-trabalho e vice-versa (Lei nº 7.418, de 16 de dezembro de 1985, regulamentada pelo Decreto nº 95.247, de 17 de novembro de 1987).

r) **Estabilidade (gravidez):** terá direito à estabilidade desde a confirmação da gravidez até cinco meses após o parto. Isso significa que ela não poderá ser dispensada (Art. 25 da Lei Complementar nº 150/2015). Mesmo que essa confirmação ocorra durante o prazo do aviso prévio trabalhado ou indenizado, a empregada doméstica tem direito a essa estabilidade (Lei nº 11.324, de 19 de julho de 2006).

s) **Fundo de Garantia do Tempo de Serviço (FGTS):** a Lei Complementar obriga a inclusão do empregado doméstico no FGTS, mas essa inclusão só teve de ocorrer 120 dias após sua edição. Com isso, a partir da competência outubro de 2015, o empregador é obrigado a recolher o FGTS equivalente a 8% sobre o valor da remuneração paga. O recolhimento será feito mediante a utilização do Documento de Arrecadação do eSocial (DAE), gerado pelo Módulo do Empregador Doméstico.

t) **Seguro-desemprego:** a Lei Complementar regulamentou que é garantido aos que são dispensados sem justa causa. Terão direito a três parcelas no valor de um salário mínimo. O Conselho Deliberativo do Fundo de Amparo ao Trabalhador (Codefat) regulamentou esse direito por meio da Resolução nº 754, de 26 de agosto de 2015.

O seguro-desemprego deverá ser requerido de 7 a 90 dias contados da data de dispensa, nas unidades de atendimento do Ministério do Trabalho ou órgãos autorizados.

u) **Salário-família:** terá direito o empregado de baixa renda em receber o benefício, cujo valor depende da remuneração e do número de filhos com até 14 anos incompletos.

O empregador doméstico é quem paga o benefício e abate o valor pago, quando do recolhimento dos tributos devidos por ele. Esse pagamento terá início a partir da competência outubro de 2015 e a compensação dos valores pagos a título de salário família será realizada diretamente no Módulo do eSocial no momento de preenchimento da Folha de Pagamento do mês.

Para a obtenção do direito, o empregado doméstico tem de apresentar ao empregador cópia da certidão de nascimento dos filhos.

v) **Aviso prévio:** conforme disposto no Art. 7º, parágrafo único da Constituição Federal, e artigos 487, § 1º e 2º da CLT, e artigo nº 23 da Lei Complementar nº 150/2015.

w) **Aposentadoria:** conforme disposto no Art. 7º, parágrafo único, da Constituição Federal.

x) **Integração à Previdência Social:** conforme disposto no Art. 7º, parágrafo único, da Constituição Federal.

y) **Relação de emprego protegida contra despedida arbitrária ou sem justa causa:** a garantia da relação de emprego é feita mediante o recolhimento mensal, pelo empregador, de uma indenização correspondente ao percentual de 3,2% sobre o valor da remuneração do empregado. Havendo rescisão de contrato que gere direito ao saque do FGTS, o empregado saca também o valor da indenização depositada.

3.6.4.5 Autônomo

Contrato que estabelece o trabalho, contínuo ou não, sem configurar vínculo empregatício caso prestar serviço a apenas um tomador (Art. 3º da CLT), sendo vedada cláusula de exclusividade. Poderá prestar serviços de qualquer natureza a outros tomadores, que exerçam ou não a mesma atividade econômica, sob qualquer modalidade de contrato.

Fica garantida ao autônomo a possibilidade de recusa de realizar atividade demandada pelo contratante, garantida a aplicação de cláusula de penalidade. É necessário cumprir todas as formalidades legais (registro no órgão competente, pagamento de tributos etc.), conforme Art. 442-B da CLT.

3.6.4.6 Tempo Parcial

Contrato cuja duração da jornada pode ser de 30 horas semanais, sendo vedada a hora extra semanal, ou jornada de até 26 horas semanais, podendo haver acréscimo de até 6 horas extras, pagas com, no mínimo, 50% da hora normal.

As horas excedentes podem ser compensadas diretamente até a semana seguinte, ou quitação na folha de pagamento do mês seguinte, caso não sejam compensadas (Art. 58-A).

As férias para esse tipo de contrato são regidas pelo Art. 130 da CLT e é facultado ao empregado converter um terço do período de férias a que tiver direito em abono pecuniário.

3.6.4.7 Intermitente

Nova modalidade de contrato expresso com subordinação e não contínua, com alternância de períodos e de inatividade. A inatividade não será considerada tempo à disposição da empresa, podendo prestar serviço a outros contratantes.

O empregador terá pelo menos 3 dias corridos de antecedência para convocar o empregado, informando qual será a jornada, e 1 dia útil para o empregado responder, podendo recusar, sem prejudicar o regime contratual intermitente.

O contrato é celebrado por escrito e registrado na Carteira de Trabalho e Previdência Social, ainda que previsto no Acordo ou Convenção Coletiva:

a) identificação, assinatura e domicílio ou sede das partes;

b) valor da hora ou do dia de trabalho, que não poderá ser inferior ao valor horário ou diário do salário mínimo, assegurada a remuneração do trabalho noturno superior à do diurno e observado o disposto no § 12; e

c) o local e o prazo para o pagamento da remuneração.

É facultado às partes convencionar por meio de contrato de trabalho intermitente:

a) locais de prestação de serviços;

b) turnos para os quais o empregado será convocado para prestar serviços;

c) formas e instrumentos de convocação e de resposta para a prestação de serviços;

d) formato de reparação recíproca na hipótese de cancelamento de serviços previamente agendados.

Ao término do exercício mensal de trabalho, o empregador paga pela prestação de serviço, mediante recibo, as parcelas:

a) remuneração;

b) férias proporcionais com acréscimo de um terço;

c) 13º salário proporcional;

d) repouso semanal remunerado; e

e) adicionais legais.

Após 12 meses terá direito a férias (30 dias em até 3 períodos) sem convocação. O valor da hora ou dia não poderá ser inferior ao equivalente do salário mínimo.

O empregador recolherá a contribuição da Previdência e o depósito do FGTS, com base nos valores pagos no período mensal, e fornecerá ao empregado comprovante. A cada 12 meses, o empregado adquire direito de usufruir, nos 12 meses seguintes, 1 mês de férias, não podendo ser convocado para prestar serviços pelo mesmo empregador.

a) **Auxíliodoença:** será devido ao segurado da Previdência Social a partir da data do início da incapacidade, ou seja, a empresa não terá que pagar os 15 primeiros dias de afastamento.

b) **Salário maternidade:** será pago diretamente pela Previdência Social.

c) **Recolhimento do FGTS e INSS:** no contrato de trabalho intermitente, o empregador efetuará o recolhimento das contribuições previdenciárias próprias e do empregado e o depósito do FGTS com base nos valores pagos no período mensal e fornecerá ao empregado comprovante do cumprimento dessas obrigações.

d) **Rescisão por ausência de convocação:** decorrido o prazo de um ano sem qualquer convocação do empregado pelo empregador, contado a partir da data da celebração do contrato, da última convocação ou do último dia de prestação de serviços, o que for mais recente, será considerado rescindido de pleno direito o contrato de trabalho intermitente.

e) **Verbas rescisórias:** na hipótese de extinção do contrato de trabalho intermitente sem justa causa, serão devidas as seguintes verbas rescisórias:

- pela metade:
    - o aviso prévio indenizado, calculado conforme o Art. 452-F; e
    - a indenização sobre o saldo do FGTS.
- na integralidade, as demais verbas trabalhistas.

f) **Cálculo do aviso prévio e verbas rescisórias:** as verbas rescisórias e o aviso prévio serão calculados com base na média dos valores recebidos pelo empregado no curso do contrato de trabalho intermitente:

- No cálculo da média, serão considerados apenas os meses durante os quais o empregado tenha recebido parcelas remuneratórias no intervalo dos últimos 12 meses ou o período de vigência do contrato de trabalho intermitente, se este for inferior.
- O aviso prévio será necessariamente indenizado.

g) **Carência:** até 31 de dezembro de 2020, o empregado registrado por meio de contrato de trabalho por prazo indeterminado demitido não poderá prestar serviços para o mesmo empregador por meio de contrato de trabalho intermitente pelo prazo de 18 meses, contado da data da demissão do empregado.

h) **Movimentação do FGTS:** limitada a até 80% do valor dos depósitos.

i) **Seguro-desemprego:** a extinção do contrato de trabalho intermitente não autoriza o ingresso no Programa de Seguro-Desemprego.

Caso uma das partes descumprir, sem justo motivo, as bases contratuais, pagará a outra, em 30 dias, multa de 50% da remuneração que seria devida (Arts. 443, 452-A, B, C, D, E, F, G e H).

3.6.4.8 Teletrabalho (home office)

Contrato cuja principal característica é a prestação de serviços fora da empresa, com a utilização de tecnologias de informação e de comunicação que, por sua natureza, não se constituam como trabalho externo. O regime está excluído do controle de frequência e, mesmo que o empregado venha comparecer às dependências da empresa, para a realização de atividades específicas, não descaracteriza o teletrabalho. As especificações das atividades devem constar do contrato individual de trabalho.

O empregador poderá realizar a alteração do regime de teletrabalho para o presencial, garantindo prazo de transição de no mínimo 15 dias, com correspondente aditivo do contrato. Os dispositivos quanto à responsabilidade pela aquisição, manutenção ou fornecimento dos equipamentos tecnológicos e da infraestrutura necessária e adequada à prestação do trabalho remoto, e outros gastos, serão previstos em contrato, não integrando a remuneração do empregado.

O empregador deve instruir o empregado por escrito, quanto às precauções a fim de evitar doenças e acidentes de trabalho, e o empregado deve assinar se comprometendo a seguir as instruções fornecidas pelo empregador.

Observação	Na negociação individual, mantém a regra de livre estipulação contratual, porém, acrescenta que o portador de diploma de nível superior e que receba salário igual ou superior a 2 vezes o limite máximo do Regime Geral da Previdência Social (RGPS) pode estipular relações contratuais, além de cláusula de arbitragem que é independente do contrato; prevista por iniciativa do empregado ou sua concordância expressa (Arts. 444, 507-A e 611-A).

3.7 Declaração de Encargos de Família para Fins de Imposto de Renda Retido na Fonte

Declaração que consta a relação dos dependentes legais para efeito de encargos de família no Imposto de Renda Retido na Fonte (IRRF), levando em consideração as exigências da Receita Federal.

Modelo

Declaração de Encargos de Família para Fins de Imposto de Renda

Empresa		CNPJ:
Registro	Nome	Depto./Setor/Seção

Em obediência à legislação do Imposto de Renda, venho pela presente informar-lhes que tenho como encargo(s) de família a(s) pessoa(s) abaixo relacionada(s).

Nome Completo dos Dependentes	Rel. Dependência	Código eSocial	Data Nasc.	CPF (independentemente da idade)

Declaro, sob as penas da lei, que as informações aqui prestadas são verdadeiras e de minha inteira responsabilidade, não cabendo à empresa nenhuma responsabilidade perante a fiscalização.

Declarante: _____
Estado Civil: _____
CPF: _____
Endereço: _____
Cidade/UF: _____

Local de Data

_____   _____
Assinatura do declarante   Assinatura do cônjuge em caso de
                                  dependentes em comum

Observação | Quando houver alteração, o trabalhador deverá informar imediatamente à empresa.

3.8 Termo de Responsabilidade do Salário-Família

Termo que consta a relação dos filhos menores de 14 anos para efeito de concessão do salário-família.

Modelo

Termo de Responsabilidade para concessão de Salário-Família (Portaria nº MPAS 3.040/82)

Empresa		Nº CNPJ
Registro	Nome	CTPS ou Doc. de Identidade
Nome Completo do Filho		Data de Nascimento

Pelo presente TERMO DE RESPONSABILIDADE, declaro estar ciente de que deverei comunicar de imediato a ocorrência dos seguintes fatos que determinam a perda do direito ao salário-família:

– ÓBITO DE FILHO.

– CESSAÇÃO DA INVALIDEZ DE FILHO INVÁLIDO.

– SENTENÇA JUDICIAL QUE DETERMINE O PAGAMENTO A OUTREM (casos de desquite ou separação, abandono de filho ou perda do pátrio poder).

Estou ciente, ainda, que a falta de cumprimento do compromisso ora assumido, além de obrigar a devolução das importâncias recebidas indevidamente, sujeitar-me-á às penalidades previstas no Art. 171 do Código Penal e a rescisão do contrato de trabalho por justa causa, conforme Art. 482 da CLT.

Local e data

_____
Assinatura do declarante

Modelo

Ficha de Salário-Família

Empresa _____ CNPJ/Matr. INSS _____
Endereço _____
Bairro _____ Cidade _____ Estado_____ CEP _____
Nome do Empregado_____ Cart. Prof. _____Registro _____
Data de Admissão ___/___/_____   Data da Cessação ___/___/_____
Endereço _____
Bairro _____ Cidade _____ Estado_____ CEP _____

Nº Ordem	Nome dos Dependentes	Data Nasc.	Local Nasc.	Cartório	Nº Reg.	Nº Livro	Nº Folha	Data Entrada Certidão	Baixa	Visto Fiscal INSS

VALOR TOTAL DOS SALÁRIOS-FAMÍLIA PAGOS
Em _____ de _____ R$ _____   Em _____ de _____ R$ _____
Em _____ de _____ R$ _____   Em _____ de _____ R$ _____
Em _____ de _____ R$ _____   Em _____ de _____ R$ _____
Em _____ de _____ R$ _____   Em _____ de _____ R$ _____
Em _____ de _____ R$ _____   Em _____ de _____ R$ _____
Em _____ de _____ R$ _____   Em _____ de _____ R$ _____

Recebi os documentos acima.

Data da rescisão ___/___/_____   _____
                                                              Assinatura

São informações dos registros:

a) nome da empresa contratante;

b) nome do trabalhador contratado, número da CTPS ou documento de identidade;

c) nomes dos filhos menores de 14 anos e as respectivas datas de nascimento;

d) assinatura apenas do funcionário declarante.

Conforme as informações prestadas, tanto a empresa quanto o funcionário declaram, sob as penas da lei, que se responsabilizam pelos pagamentos do salário-família.

É importante manter atualizados sempre que ocorrer alguma alteração nas informações iniciais.

Por se tratar de um termo de responsabilidade, o funcionário deve informar imediatamente quando ocorrer óbito do filho ou qualquer ocorrência que determine a substituição do pagamento para outra pessoa, devidamente identificada pela Previdência Social.

3.9 Acordo para Compensação de Horas de Trabalho

Se o trabalhador não exceder o limite máximo permitido pela legislação de 8 horas diárias e 44 horas semanais, pode compensar em determinado dia se existir um Acordo de Compensação.

Exemplo: jornada de segunda a sexta-feira, das 8 às 17h48, com uma hora para refeição e descanso, e compensando o sábado. Essa jornada perfaz um total de 8 horas e 48 minutos diários.

O empregador deve providenciar o Acordo de Compensação de Horas de Trabalho, discriminando os dias da semana em que o trabalhador desenvolve suas atividades, horário de início, de término da jornada, respectivo tempo para refeição e descanso, total de horas semanais.

> Art. 58 da CLT – A duração normal do trabalho, para os empregados em qualquer atividade privada, não excederá oito horas diárias, desde que não seja fixado expressamente outro limite.
>
> Art. 7º da Constituição Federal – São direitos dos trabalhadores [...] além de outros [...] XIII – duração do trabalho normal não superior a oito horas diárias e quarenta e quatro semanais, facultada a compensação de horários e a redução da jornada, mediante acordo ou convenção coletiva de trabalho.

Modelo

Acordo para Compensação de Horas de Trabalho

Entre _____, estabelecida em _____, e o seu empregado, abaixo assinado, portador da Carteira Profissional e Previdência Social nº _____/____, fica convencionado de acordo com o disposto do Art. 58 da CLT, que o horário normal do trabalho será o seguinte:

Segunda-feira	das ____ às ____ horas com descanso de ____ hora(s).
Terça-feira	das ____ às ____ horas com descanso de ____ hora(s).
Quarta-feira	das ____ às ____ horas com descanso de ____ hora(s).
Quinta-feira	das ____ às ____ horas com descanso de ____ hora(s).
Sexta-feira	das ____ às ____ horas com descanso de ____ hora(s).
Sábado	das ____ às ____ horas com descanso semanal aos domingos.

Perfazendo o total de _____ horas semanais.

E, por estarem de pleno acordo, as partes contratantes assinam o presente acordo em 02 (duas) vias, o qual vigorará até ____/____/____.

Local e data.

_____
Assinatura da empresa

_____
Assinatura do empregado

3.10 Acordo para Prorrogação de Horas de Trabalho

Acordo que demonstra o acordo entre a empresa contratante e o trabalhador em relação à duração do trabalho diário, e que pode acrescentar até duas horas, consideradas extraordinárias e pagas com o acréscimo que a legislação ou o acordo coletivo determinar.

Modelo

Acordo para Prorrogação de Horas de Trabalho

Entre a empresa _____ e seu colaborador _____, portador da Carteira Profissional e Previdência Social nº _____/____, fica estabelecido que a jornada de trabalho será prorrogada em 02 (duas) horas extras remuneradas com acréscimo de acordo com a Lei.

O presente acordo terá validade até ____/____/____ salvo se qualquer das partes em comum acordo se manifeste em contrário.

Local e data.

_____
Assinatura da empresa

_____
Assinatura do empregado

Art. 59 da CLT – A duração normal do trabalho poderá ser acrescida de horas suplementares, em número não excedente de duas, mediante acordo escrito entre empregador e empregado, ou mediante contrato coletivo de trabalho.

§ 2º Poderá ser dispensado o acréscimo de salário se, por força de acordo ou convenção coletiva de trabalho, o excesso de horas em um dia for compensado pela correspondente diminuição em outro dia, de maneira que não exceda, no período máximo de um ano, a soma das jornadas semanais de trabalho previstas, nem seja ultrapassado o limite máximo de 10 horas diárias (red. Lei nº 9.601/98 e MP 195220/2000).

3.11 Opção de Vale-transporte

Documento que identifica a opção ou não do funcionário pelo benefício vale-transporte.

> Lei 7.418 de 16 de dezembro de 1985.
>
> Art. 1º – Fica instituído o vale-transporte que o empregador, pessoa física ou jurídica, antecipará ao empregado para utilização efetiva em despesas de deslocamento residência-trabalho e vice-versa, através do sistema de transporte coletivo público, urbano ou intermunicipal e/ou interestadual com características semelhantes aos urbanos, geridos diretamente ou mediante concessão ou permissão de linhas regulares e com tarifas fixadas pela autoridade competente, excluídos os serviços seletivos e os especiais (red. Lei nº 7.619/87 com remuneração de artigos). [...]
>
> Art. 4º – A concessão do benefício ora instituído implica a aquisição do empregador dos vales-transporte necessários aos deslocamentos do trabalhador no percurso residênci-trabalho e vice-versa no serviço de transporte que melhor se adequar.
>
> Parágrafo único. O empregador participará dos gastos de deslocamento do trabalhador com a ajuda de custo equivalente à parcela que exceder a 6% (seis por cento) de seu salário-base (Art. rev. pela Lei nº 9.532/97 e restabelecido pela MP nº 199027, de 13.1.2000).

Não é permitido que a empresa contratante substitua o fornecimento do vale-transporte por antecipação em dinheiro ou qualquer outra forma de pagamento, salvo determinação em acordo coletivo da categoria profissional.

Caso o funcionário não utilize transporte coletivo para esse fim, é necessário que a opção seja de "NÃO" utilização do benefício, com a assinatura do termo em conjunto com a empresa.

Na hipótese de o funcionário infringir tal compromisso, poderá ser penalizado de do com os termos da legislação trabalhista vigente.

Modelo

Termo de Opção do Vale-Transporte

Nome do funcionário: _____ Registro:_____

Endereço residencial: _____

Bairro: _____ Cidade: _____ Estado:_____

Cargo: _____

Horário de trabalho: _____

Opção pelo Sistema de Vale-Transporte

Faça sua opção por recebê-lo ou não, assinalando em um dos quadros:

( ) SIM ( ) NÃO

Condução de ida:

Condução de volta:

Declaração

Declaro que utilizarei o vale-transporte exclusivamente ao efetivo deslocamento residência/trabalho e vice-versa.

Assumo inteira responsabilidade de comunicar, imediatamente e por escrito, sempre que alguma alteração vier a ocorrer.

Estou ciente de que a declaração falsa ou o uso indevido do benefício caracteriza a rescisão de contrato de trabalho por justa causa, ato de improbidade, Art. 482, letra "a" da CLT.

Local e data.

_____
Assinatura do empregado

Tipo de condução	Quantidade por dia

3.12 Autorização para Desconto em Folha de Pagamento

No ato da admissão, a empresa oferece benefícios extensivos a todos os trabalhadores. Qualquer benefício "contributário", ou seja, do qual o trabalhador participa do custeio, quando não previsto no Contrato Individual de Trabalho, o Departamento de Pessoal deve estipular um documento de autorização para desconto em Folha de Pagamento.

Em muitas situações, o Departamento de Pessoal não expressa no contrato individual de trabalho a cláusula em que o trabalhador concorda com determinados descontos. Na maioria das vezes, refere-se a benefícios oferecidos ao trabalhador que custeia parte do valor, inclusive sendo objeto da folha de pagamento.

Esse procedimento valoriza a relação de emprego, pois, desta forma, o trabalhador não terá dúvidas quando encontrar no seu demonstrativo de pagamento o desconto acordado.

Modelo

Autorização para Desconto em Folha de Pagamento

Eu, _____, autorizo esta empresa a descontar de meus vencimentos mensais a importância referente a _____ do valor total do benefício _____.

Local e data.

_____
Assinatura do empregado

_____
Assinatura da empresa

Para o empregador, é a segurança de que todos os seus direitos estão protegidos de controvérsias ou reclamações futuras.

Alguns benefícios comuns entre as empresas são:

a) assistência médica;

b) refeição;

c) seguro de vida;

d) assistência odontológica;

e) cesta básica;

f) vale-refeição etc.

Para cada benefício, sugere-se elaborar um documento específico, assinado por ambas as partes e guardado no prontuário do trabalhador até seu efetivo desligamento da empresa.

Exercícios

1. De acordo com os tópicos estudados, verifique quais impressos padronizados e documentos são necessários para o preenchimento:

    a) Luiz é contratado como supervisor de Controle de Qualidade a partir de 01/08/20XX. É solteiro, não possui dependentes legais e não é o seu primeiro emprego. Horário diário de trabalho: 8 horas e 48 minutos, de segunda a sexta-feira.

    b) Ana Lúcia foi contratada como auxiliar administrativo a partir de 02/01/20XX. Tem três dependentes reconhecidos pelo IRRF (filhos de 5, 7 e 12 anos) e não é o seu primeiro emprego. Horário diário de trabalho: 8 horas de segunda a sexta-feira e 4 horas aos sábados.

    c) Valdemar foi contratado como vendedor a partir de 17/03/20XX. É solteiro, tem um dependente reconhecido pelo IRRF (filho com 14 anos completos) e é seu primeiro emprego registrado. Horário diário de trabalho: 8 horas de segunda a sexta-feira.

2. Qual é a importância do Contrato Individual de Trabalho na relação de emprego?

3. Na hierarquia da legislação trabalhista no Brasil, qual é a que mais favorece a relação entre empregador e trabalhador?

4. Qual é a finalidade do Contrato de Experiência na relação de emprego?

5. Comente a diferença entre empregador e empregado (Arts. 2º e 3º da CLT) e as circunstâncias básicas para que haja a relação de emprego.

6. Explique o que é trabalho temporário em relação à legislação trabalhista.

7. O Art. 58 da CLT e inciso XIII do Art. 7º da Constituição Federal de 1988 preveem limites na jornada de trabalho diária e semanal, respectivamente, 8 horas e 44 horas. Defina Acordo de Compensação e Acordo de Prorrogação de horas de trabalho. Quando a empresa é obrigada a estipular um ou outro acordo?

8. Comente a importância da CLT na relação entre empregador e trabalhador.
9. Comente a importância da Autorização de Desconto em Folha de Pagamento.

Estudo de Caso

Uma empresa do ramo de telemarketing vem aumentando seu poder de atuação no mercado. Quando iniciou suas atividades, contava com uma pequena carteira de clientes e seus processos administrativos eram centralizados em uma única pessoa e um escritório de contabilidade externo, que administrava a controladoria da empresa.

À pessoa da administração da empresa cabia a responsabilidade de todas as contratações e o serviço burocrático do Departamento de Pessoal, além de outros.

Atualmente, com o aumento de clientes, a empresa precisou contratar mais trabalhadores, e o processo de contratação, pelo acúmulo de trabalho, está focado em apenas registrar a CTPS do trabalhador e providenciar as informações para o escritório de contabilidade para a confecção da Folha de Pagamento.

A empresa precisa da sua ajuda. Faça uma análise dos riscos que ela está correndo caso negligencie o processo correto de Contratação, Admissão e Registros de Documentos.

4 SALÁRIO, ADICIONAIS E REMUNERAÇÃO

4.1 Salário

Na história das relações entre empregador e empregado, o salário é o elemento de suma importância no processo de contratação e admissão. Normalmente é estipulado por mês (mensalista), hora (horista) ou por dia (diarista).

O Departamento de Pessoal deve observar as Convenções e Acordos Coletivos que determinam o piso salarial da categoria.

A administração dos salários requer um acompanhamento periódico para avaliar o equilíbrio entre a função e o cargo e as práticas do mercado, principalmente quando há rotatividade de pessoas na empresa (*turn over*).

Empresas atentas ao equilíbrio interno de salários e competitividade externa são capazes de estimular a permanência de pessoas e obter resultados superiores em termos de capacidade produtiva. Basta que haja conscientização sobre a importância do salário, para estabelecer um clima favorável e evitar conflitos no ambiente de trabalho.

É fundamental que o trabalhador saiba que, além do salário contratual, existem outros elementos que agregam valor direto e indireto a ele, como os adicionais e os benefícios. No ato da contratação e da admissão, a área de Gestão de Pessoas deve promover essa conscientização e aproveitar os momentos iniciais do colaborador na empresa para essa atividade, também conhecida nos meios empresariais como "integração" ou "socialização".

4.1.1 O que Significa Salário-base ou salário contratual?

Salário-base é o valor que a empresa oferece como base de pagamento pelo serviço prestado em um determinado período (mensal, por hora etc.).

Descrição	Ref.	Vencimentos	Descontos
		Total de Vencimentos	Total de Descontos
		Líquido a receber	
Salário-base R$			

O salário contratual tem o mesmo entendimento, ou seja, é o valor que foi negociado e será inserido no Contrato Individual de Trabalho. Esse valor é normalmente encontrado no canto inferior esquerdo do Demonstrativo de Pagamento ou Holerite.

4.1.2 O que são adicionais e como integram o salário-base?

São importâncias que integram o salário-base, ou seja, verbas variáveis pagas pelo empregador, que são calculadas sobre o salário e não sobre a remuneração. Alguns exemplos mais comuns incluem:

a) **Horas extraordinárias:** quando o colaborador excede a jornada de trabalho contratual diária e recebe na Folha de Pagamento, com acréscimo de 50%, pelo menos sobre a hora normal (Art. 59 da CLT).

b) **Descanso Semanal Remunerado (DSR):** trata-se da integração do DSR com as horas extraordinárias realizadas e recebidas (Enunciado nº 172 do Tribunal Superior do Trabalho).

c) **Adicional noturno:** trabalho realizado no período compreendido das 22 horas e às 5 horas da manhã do dia seguinte, com acréscimo de 20%, pelo menos, sobre a hora diurna (Art. 73 da CLT).

d) **Adicional de insalubridade:** pago para atividades insalubres, que pelas condições, podem causar danos à saúde do colaborador, em razão dos limites acima da tolerância, da intensidade do agente nocivo ou do tempo de exposição aos seus efeitos (Arts. 189 e 192 da CLT; Norma Regulamentadora nº 15). O adicional pago é proporcional ao nível de exposição da pessoa com o agente nocivo à saúde: 10% (grau mínimo), 20% (grau médio) ou 40% (grau máximo), calculado sobre o valor do salário mínimo ou melhor condição em acordo ou convenção coletiva da categoria.

e) **Adicional de periculosidade:** pago para trabalhadores que exercem atividade em condições perigosas ou entram em contato com substâncias inflamáveis, explosivos, energia elétrica, estão expostos a roubos ou outras espécies de violência física, além de pessoas que utilizam motocicletas (Art. 193 da CLT; Norma Regulamentadora nº 16). O adicional pago é de 30% sobre o salário-base do trabalhador.

Descrição	Ref.	Vencimentos	Descontos
Salário mensal	30 dias	1.320,00	
Horas extras (50%)	10 horas	90,00	
DSR s/ horas extra	---	18,00	
Adicional noturno	10 horas	12,00	
		Total dos Vencimentos 1.440,00	Total dos Descontos
		Líquido a receber	1.440,00
Salário-base R$ 1.320,00/mês			

Neste exemplo, o colaborador recebeu o valor de R$ 120,00, referentes aos adicionais, integrando o salário-base e aumentando seu poder de compra.

4.2 Remuneração

A remuneração é o somatório do salário com as parcelas adicionais (de natureza salarial) no mês de referência. Dessa forma, é importante salientar que, para efeitos jurídicos, o salário é uma parte da remuneração do trabalhador. Seu valor deve gerar reflexos nos demais cálculos de férias, 13º salário, FGTS, rescisão do contrato de trabalho, contribuições previdenciárias e Imposto de Renda.

> Art. 457 – Compreendem-se na remuneração do empregado, para todos os efeitos legais, além do salário devido e pago diretamente pelo empregador, como contraprestação do serviço, as gorjetas que receber.

A Reforma Trabalhista (Lei nº 13.467/2017) altera o Art. 457 § 2º da CLT, estabelecendo as parcelas que não integram a remuneração do trabalhador: ajuda de custo, limitada a 50% da remuneração mensal; auxílio alimentação (vedado o pagamento em dinheiro); diárias para viagem e prêmios, não constituindo base de incidência para qualquer encargo social ou trabalhista.

Outro aspecto importante na conscientização do colaborador quanto à remuneração são os valores indiretos que agregam valor ao salário-base, por exemplo, os benefícios contributários, ou seja, aqueles dos quais o colaborador participa, pagando uma parte do custo pago pela empresa.

Em outra análise, sobre a parcela do benefício oferecido pago pela empresa, pode-se entender que se trata de um valor que o trabalhador está deixando de "gastar", caso tivesse que adquirir por conta própria (por exemplo, plano de assistência médica). Esse valor acaba agregando valor indireto ao salário-base.

Cabe ao Departamento de Pessoal estabelecer estratégias para orientação do trabalhador, em parceria com os gestores, e tornar mais claro e compreensível esse aspecto tão sensível na relação empregatícia.

Exercícios

1. O salário tem sido importante na decisão de um emprego. Como a remuneração pode contribuir para melhorar esse entendimento?
2. Qual é a diferença entre os adicionais de insalubridade e de periculosidade? Cite exemplos.

Estudo de Caso

Uma empresa de telemarketing, atenta à concorrência do mercado, resolve profissionalizar seus processos no Departamento de Pessoal. Para isso, contrata um profissional especialista na área para auxiliar na administração da empresa.

O problema é que todos os trabalhadores não passaram por uma integração, motivo que preocupa a empresa com relação à possibilidade de desligamentos relacionados à falta de informação sobre os aspectos salariais e de remuneração.

Faça uma reflexão e elabore um planejamento para motivar os trabalhadores a permanecerem na empresa, focando a relação entre salário e remuneração.

DURAÇÃO DO TRABALHO 5

A luta dos trabalhadores por uma limitação na jornada de trabalho obteve sucesso com a Constituição Federal de 1988, que reduziu a jornada semanal de trabalho de 48 horas para 44 horas. Desde então, as categorias profissionais buscam acordos que favoreçam a duração do período de trabalho.

Em alguns casos, já existem empresas que, por meio de acordo coletivo, adotam jornadas de 42 e 40 horas semanais.

Desde o surgimento das leis que protegem a relação de trabalho, os empregadores viram-se compelidos a procurar caminhos para sobreviver com o seu negócio e prover sua mão de obra de recursos, para juntos melhorarem a qualidade de produtos e serviços, aumentarem a produtividade e produzirem com o menor custo possível.

O trabalho passou a ser analisado não apenas como cumprimento de normas estipuladas pela legislação do trabalho. A carga horária de trabalho tornou-se motivo de decisões acerca da adequação da capacidade de consumo à capacidade de produção em tempos de crise na economia e competição acirrada.

5.1 Jornada de Trabalho

Trata-se do período em que o trabalhador está à disposição da empresa para o exercício de suas funções. Conforme o Art. 58 da CLT e inciso XIII do Art. 7º da Constituição Federal de 1988, a duração normal do trabalho não pode ultrapassar o limite máximo de 8 horas diárias e 44 horas semanais. A compensação de horário de trabalho e a redução da jornada são facultadas, mediante acordo ou convenção coletiva de trabalho. Não estão protegidos pela limitação da jornada de trabalho os casos previstos no Art. 62 da CLT (empregados que exercem atividade externa incompatível com a fixação de horários; gerentes, pois exercem cargo de gestão; e trabalhadores em regime de teletrabalho).

5.1.1 Serviço Efetivo

Não será considerado tempo à disposição da empresa ou horas extraordinárias o período não excedente de 5 minutos e máximo de 10 minutos, por conveniência ou para exercer atividades particulares (Art. 58 § 1º da CLT), como: práticas religiosas, descanso, lazer, estudo, alimentação, interação entre colegas, higiene pessoal e troca de uniforme (Art. 4º, § 2º da CLT).

Essa prática possibilita o aumento da produtividade por hora trabalhada.

5.1.2 Horas *In Itinere*

O tempo dispendido até o local de trabalho e o retorno, por qualquer meio de transporte, inclusive o fornecido pelo empregador, não será computado na jornada de trabalho, por não ser tempo à disposição do empregador (Art. 58, § 2º da CLT).

5.1.3 Jornada 12 × 36 Horas

Jornada prevista na Convenção ou Acordo Coletivo, observados ou indenizados os intervalos para repouso e alimentação, inclusive o setor de saúde. Prevê o pagamento do DSR e feriados, e quando considerados compensados os feriados e as prorrogações de horário noturno, quando houver. Nas atividades consideradas insalubres não mais haverá necessidade de licença prévia do órgão competente do Ministério do Trabalho, com isso, sugere-se maior segurança jurídica contra questionamentos na Justiça (Arts. 59-A e 60).

5.2 Conversão de Horas

Para o Departamento de Pessoal dar tratamento ao registro de ponto, utilizam-se duas metodologias. A primeira metodologia refere-se ao tratamento dos minutos registrados, na proporção de 60 minutos para o demonstrativo do ponto para o trabalhador conferir; a segunda é a conversão desses minutos em centésimos, sendo objeto de cálculo na Folha de Pagamento.

Quando há o lançamento dos minutos na Folha de Pagamento, o sistema que calcula as parcelas do salário converte as informações de minutos para centésimos de minutos. Dessa forma, o cálculo se torna eficaz.

Exemplo

Registro de ponto = 30 minutos.

Sistema da Folha de Pagamento = 0,50 centésimos.

Tabela 5.1 – Modelo de tabela de conversão: minutos para centésimos

min	cent	min	cent	min	cent	min	cent
1	0,02	16	0,27	31	0,52	46	0,77
2	0,03	17	0,28	32	0,53	47	0,78
3	0,05	18	0,30	33	0,55	48	0,80
4	0,07	19	0,32	34	0,57	49	0,82
5	0,08	20	0,33	35	0,58	50	0,83
6	0,10	21	0,35	36	0,60	51	0,85
7	0,12	22	0,37	37	0,62	52	0,87
8	0,13	23	0,38	38	0,63	53	0,88
9	0,15	24	0,40	39	0,65	54	0,90
10	0,17	25	0,42	40	0,67	55	0,92
11	0,18	26	0,43	41	0,68	56	0,93
12	0,20	27	0,45	42	0,70	57	0,95
13	0,22	28	0,47	43	0,72	58	0,97
14	0,23	29	0,48	44	0,73	59	0,98
15	0,25	30	0,50	45	0,75	60	1,00

5.3 Compensação de Horas de Trabalho

A compensação de horas de trabalho acontece quando o trabalhador excede a sua jornada diária de trabalho, por isso, é necessário que ele diminua a jornada em outro dia. Caso isso ocorra, o empregador está isento do pagamento de hora extraordinária (Arts. 58 e 59, § 2º da CLT).

Exemplos

Veja como determinar a jornada de trabalho de dois empregados que cumprem 44 horas semanais: o primeiro trabalha de segunda-feira ao sábado (6 dias); o segundo trabalha de segunda-feira à sexta-feira (5 dias).

Quadro 5.1

De segunda-feira ao sábado

44 horas / 6 dias = **7,3333**
0,3333 / 100 × 60 = **0,20**
7h20m

* não há necessidade do acordo

7h20m (2ª feira)
7h20m (3ª feira)
14h40m
7h20m (4ª feira)
21h60m = **22h00m**
7h20m (5ª feira)
29h20m
7h20m (6ª feira)
36h40m
7h20m (Sábado)
43h60m = **44 horas**

Quadro 5.2

De segunda-feira à sexta-feira

44 horas / 5 dias = **8,8**
0,8 / 100 × 60 = **0,48**
8h48m

** sim, há necessidade do acordo

8h48m (2ª feira)
8h48m (3ª feira)
16h96m = **17h36m**
8h48m (4ª feira)
25h84m = **26h24m**
8h48m (5ª feira)
34h72m = **35h12m**
8h48m (6ª feira)
43h60m = **44 horas**

No Quadro 5.1, a empresa não está obrigada a elaborar o acordo de compensação de horas de trabalho. No Quadro 5.2, a empresa deve elaborar o acordo por ter ultrapassado o limite máximo de 8 horas diárias de trabalho.

5.4 Prorrogação de Horas de Trabalho

Quando o trabalhador supera a jornada diária ou semanal de trabalho, o empregador deve pagar essas horas como extras, com o adicional estipulado em acordo coletivo da categoria, extensivo também para os contratos por tempo parcial.

Na ocorrência da habitualidade deste procedimento, as horas extras incorporam o salário do descanso semanal remunerado, calculado pela média entre os dias úteis, domingos e feriados do mês.

> Art. 59 da CLT – A duração normal do trabalho poderá ser acrescida de horas suplementares, em número não excedente de duas, mediante contrato coletivo de trabalho. [...]
>
> Art. 61 da CLT – Ocorrendo necessidade imperiosa, poderá a duração do trabalho exceder do limite legal ou convencionado, seja para fazer o motivo de força maior, seja para atender à realização ou conclusão de serviços inadiáveis ou cuja inexecução possa acarretar prejuízo manifesto.
>
> § 1º – O excesso, nos casos deste artigo, pode ser exigido independentemente de convenção coletiva ou acordo coletivo de trabalho.

5.5 Banco de Horas

Os acordos coletivos das categorias preveem a matéria de modo a proteger os interesses dos trabalhadores e preservar a relação com o empregador, adotando critérios próprios para administrar as horas excedentes.

> Art. 59 [...]
>
> § 2º Poderá ser dispensado o acréscimo de salário se, por força de acordo ou convenção coletiva de trabalho, o excesso de horas em um dia for compensado pela correspondente diminuição em outro dia, de maneira que não exceda, no período máximo de um ano, à soma das jornadas semanais de trabalho previstas, nem seja ultrapassado o limite máximo de dez horas diárias. [...]
>
> § 5º O banco de horas de que trata o § 2º deste artigo poderá ser pactuado por acordo individual escrito, desde que a compensação ocorra no período máximo de seis meses.

> § 6º É lícito o regime de compensação de jornada estabelecido por acordo individual, tácito ou escrito, para a compensação no mesmo mês. [...]
>
> Art. 59-B – O não atendimento das exigências legais para compensação de jornada, inclusive quando estabelecida mediante acordo tácito, não implica a repetição do pagamento das horas excedentes à jornada normal diária se não ultrapassada a duração máxima semanal, sendo devido apenas o respectivo adicional.
>
> Parágrafo único - A prestação de horas extras habituais não descaracteriza o acordo de compensação de jornada e o banco de horas.

A legislação incentiva a maior flexibilidade na escolha do período de descanso do trabalhador (compensação), de acordo com a demanda da empresa, porém, as práticas trabalhistas têm demonstrado que empresas vêm substituindo o pagamento das horas extraordinárias na Folha de Pagamento por banco de horas. A Reforma Trabalhista permite acordo de banco de horas individual, tratada diretamente com o trabalhador. A compensação poderá ser de, no máximo, 6 meses.

Mesmo que a regra do banco de horas esteja prevista na legislação e no acordo coletivo, as empresas têm, inadvertidamente, alocado horas excedentes de trabalho em um tipo de "compensação futura", esquecendo-se dos prazos estipulados para compensação dessas horas.

Cabe ao Departamento de Pessoal a orientação adequada aos gestores sobre a prática do banco de horas, pois o desconhecimento ou a falta de orientação pode provocar passivos trabalhistas futuros.

5.6 Períodos de Descanso

Conforme o Art. 71 da CLT, para as jornadas consecutivas de trabalho acima das 6 horas, é necessário repouso ou alimentação de, no mínimo, uma hora e no máximo duas horas.

Para jornadas de trabalho superiores a 4 horas e inferiores a 6 horas, é obrigatório o descanso de 15 minutos (Art. 71 da CLT, § 1º); inferiores a 4 horas, não há necessidade de descanso.

Para as jornadas superiores a 6 horas, a convenção coletiva e o acordo coletivo de trabalho podem prever o intervalo intrajornada, respeitando o limite mínimo de 30 minutos (Art. 611-A, inciso III).

A não concessão ou a concessão parcial do intervalo intrajornada mínimo, implica o pagamento de 50% o valor da remuneração da hora normal de trabalho, apenas do período não concedido (Art. 71, § 4º).

É importante que o Departamento de Pessoal verifique o que determina o acordo coletivo da categoria profissional, principalmente quanto às atividades especiais que requerem um descanso diferenciado.

Conforme o Art. 66 da CLT, o intervalo entre jornadas de trabalho, que compreende do término de uma e início de outra, não pode ser inferior a 11 horas.

O período de descanso representa um momento de transição e fortalecimento dos objetivos dos trabalhadores.

Respeitar o horário de descanso é primordial para que o empregador consiga o comprometimento dos trabalhadores. Quando esses momentos são interrompidos, prejudicam essa relação, provocando insatisfação, que pode se espalhar para os demais trabalhadores. Portanto, um trabalhador descansado tem mais produtividade e traz melhores resultados.

O Departamento de Pessoal deve ser sensível a tais aspectos, que podem atrapalhar qualquer implementação de políticas empresariais, principalmente quando for necessária a colaboração da força de trabalho.

5.6.1 Descanso Semanal Remunerado (DSR)

Ao trabalhador que completar a jornada de trabalho semanal, sem ocorrências e/ou justificativas, é assegurado o Descanso Semanal Remunerado, de pelo menos 24 horas consecutivas, sem prejuízo do salário.

No cálculo salarial do trabalhador mensalista já está inserido o valor do DSR. Dessa forma, caso o trabalhador não cumpra a sua jornada de trabalho, a empresa pode, se houver determinação em acordo ou convenção coletiva, descontar o DSR do seu salário.

> Art. 67 da CLT – Será assegurado a todo empregado um descanso semanal de 24 horas consecutivas, o qual, salvo motivo de conveniência pública ou necessidade imperiosa do serviço, deverá coincidir com o domingo, no todo ou em parte.

5.7 Faltas e Atrasos

Faltas são as ausências do trabalhador no seu posto de trabalho no período completo de um dia. Atrasos são as frações do dia em que o trabalhador se ausenta (por exemplo, minutos ou hora de atraso; saída antecipada etc.).

Existem algumas características quanto às faltas e atrasos:

a) **Justificadas e/ou abonadas:** são ausências em que o trabalhador, por motivo justo, apresenta documento comprobatório inequívoco (consulta ou exame médico). Nesses casos, a empresa não poderá descontar a ausência de seu salário, nem o prejudicar na sua avaliação profissional.

b) **Injustificadas:** são ausências em que o trabalhador não apresenta motivo justo. Nesses casos, além de descontar a ausência, a empresa poderá, desde que prevista em acordo ou convenção coletiva, descontar o DSR, incidindo também na proporcionalidade do direito de férias e na sua avaliação profissional.

Empresas preocupadas não só com a penalização das ausências vêm adotando, em seu relacionamento com os trabalhadores, uma conscientização a respeito dos efeitos do absenteísmo, tanto para a empresa quanto para os colaboradores. Para isso, criam canais de comunicação para solucionar problemas que podem ser administrados sem que o trabalhador precise se ausentar.

5.8 Trabalho Noturno

É a atividade executada no período compreendido entre 22 horas e 5 horas da manhã do dia seguinte (Art. 73, § 2º da CLT). Nesse período, a hora noturna equivale a 52 minutos e 30 segundos (§ 1º).

Ao completar o ciclo de 60 minutos, o empregado pode acumular os 7 minutos e 30 segundos correspondentes, ou seja, ao término de uma jornada noturna de 7 horas (60 minutos), terá acumulado mais 1 hora noturna, resultando em 8 horas de jornada.

Quadro 5.3

7m30s (1ª hora)
7m30s (2ª hora)
~~14m60s~~ = **15m**
7m30s (3ª hora)
22m30s
7m30s (4ª hora)
~~29m60s~~ = **30m**
7m30s (5ª hora)
37m30s
7m30s (6ª hora)
~~44m60s~~ = **45m**
7m30s (7ª hora)
52m30s

É importante entender que essa condição é somente para os empregados que mantêm jornada de trabalho regular nesse período.

A hora noturna deve ter um acréscimo mínimo de 20% sobre a hora diurna ou outro acréscimo mais favorável, conforme acordo ou convenção coletiva da categoria profissional.

Essa modalidade de trabalho noturno acontece quando a empresa necessita cumprir seu planejamento de produção, e seus recursos (máquinas e espaço físico) não comportam o número de trabalhadores para conseguir o resultado esperado.

5.9 Registro de Frequência

Também conhecido como "registro de ponto", é uma determinação legal para que o horário de trabalho seja anotado em registro de empregados (Art. 74 da CLT). Com a Declaração de Direitos de Liberdade Econômica (Lei nº 13.874/2019), tornou-se obrigatória a anotação da hora de entrada e saída para empresas com mais de 20 trabalhadores, seja em registro manual, mecânico ou eletrônico.

O registro de frequência deve conter:

a) o início da jornada de trabalho;

b) o término da jornada de trabalho;

c) o intervalo de descanso e refeição (caso o controle de frequência já fixe o horário de intervalo, o empregador pode isentar o trabalhador de marcar o horário);

d) os adicionais, além da jornada contratual de trabalho.

Tabela 5.2 – Modelo de registro de ponto

Dia	Entrada	Saída	Entrada	Saída	Entrada	Saída
1	08:00			17:48		
2	07:59			17:50		
3	07:58			17:48		
4	07:59			17:50		
5	08:01			17:49		
6	Sábado					
7	Domingo					
8	08:01			17:48		
9	08:00			17:48		
10	07:59			17:49		

Gestão de Pessoas – Rotinas Trabalhistas e Dinâmicas do Departamento de Pessoal

Dia	Entrada	Saída	Entrada	Saída	Entrada	Saída
11	07:59			17:50		
12	08:02			17:49		
13	Sábado					
14	Domingo					
15	08:00			17:47		
16	07:59			17:50		
17	08:01			17:49		
18	08:00			17:48		
19	07:58			17:48		
20	Sábado					
21	Domingo					
22	08:01			17:48		
23	08:00			17:49		
24	07:59			17:49		
25	07:59			17:50		
26	07:57			17:48		
27	Sábado					
28	Domingo					
29	07:59			17:50		
30	08:00			17:48		
31						

Desde 2009, com a publicação da Portaria nº 1.510, as empresas passaram a contar com apoio da tecnologia para melhorar o controle da jornada de trabalho. Dessa forma, puderam determinar regras mais rígidas para o registro de ponto.

Com isso, a utilização do Sistema de Registro Eletrônico de Ponto (SREP) passou a restringir marcações automáticas e alteração dos dados após o registro efetivo, com exceção de casos com justificativas ou anotações sobre possíveis erros. Além disso:

a) as empresas foram obrigadas a dispor de mecanismo para a impressão de comprovante de marcação (papel) para o trabalhador;

b) os dados armazenados na memória do registro de ponto não podem ser alterados ou apagados;

c) o equipamento deve ter uma porta USB externa para uso exclusivo dos auditores fiscais;

d) o equipamento deve ser homologado pelo órgão gestor do trabalho.

Em 2011, foi publicada a Portaria nº 373, que regulamentou formas mais eficientes de controle de jornada, flexibilizando ainda mais o registro de ponto eletrônico, a partir da introdução de sistemas alternativos (softwares). Essa medida é indicada para empresas cujos trabalhadores fazem serviços externos em diversas localidades. Essa medida diferenciada pode ser adotada desde que seja autorizada por acordo ou convenção coletiva.

Veja outras condições que o sistema não pode admitir:

a) restrição à marcação do ponto;

b) marcações automáticas;

c) exigência de autorização prévia para marcação de sobrejornada;

d) alteração ou eliminação de dados dos registros de ponto.

Para efeitos de fiscalização, o sistema alternativo deve:

a) estar disponível no local de trabalho;

b) permitir a identificação do empregador e do trabalhador;

c) possibilitar, por meio do banco de dados, a extração eletrônica e impressa do registro das marcações realizadas.

O registro de frequência também é indicado para empresas que utilizam o controle de ponto mobile (softwares para computadores, smartphones e tablets que identificam o trabalhador por meio da geolocalização). O aplicativo de controle mobile é interessante para as empresas cujos colaboradores realizam trabalho externo (visitam clientes, trabalham em esquema de home office etc.), pois flexibiliza o registro do ponto, armazenando os dados na nuvem para consulta do Departamento de Pessoal e gestores.

5.10 Suspensão e Interrupção do Contrato de Trabalho

O princípio da continuidade da relação de emprego fundamenta a manutenção do vínculo empregatício, implícito nos contratos por prazo indeterminado. A finalidade da continuação do contrato é manter o emprego, mesmo que possa ocorrer casos fortuitos nos quais o trabalhador não possa exercer as suas funções temporariamente. É nesse sentido que surgem os casos de interrupção ou suspensão do contrato de trabalho.

É importante frisar que em ambos os casos não haverá extinção do contrato, exceção quando houver falta grave do trabalhador, reconhecida legalmente ou extinção da empresa.

A interrupção provoca efeitos legais, pois não há trabalho, mas o trabalhador continuará receber salário, o tempo de afastamento continua a contar como tempo de serviço e o depósito do FGTS é feito normalmente.

Na suspensão, o trabalhador não recebe salário, o tempo não conta para tempo de serviço e, por não haver pagamento de salário, não há FGTS.

Quadro 5.4 – Interrupção × suspensão de contrato

Casos de Interrupção do Contrato	Casos de Suspensão do Contrato
• Descanso Semanal Remunerado (DRS) (Lei nº 605/1949); • férias (Art. 130 da CLT); • falecimento de cônjuge, ascendente, descendente, irmão ou dependente econômico (Art. 473 da CLT); • casamento, doação de sangue, alistamento militar, nascimento de filho (Art. 473 da CLT); • testemunha, quando devidamente arrolada ou convocada (Art. 822 da CLT); • ausências consideradas justificadas pelo empregador; • licença-maternidade; • aborto (Art. 395 da CLT); • acidente de trabalho (primeiros 15 dias – Decreto nº 3.048/1999); • doença (primeiros 15 dias; Lei nº 8.213, redação da Lei nº 9.876/1999; Decreto nº 3.048/1999); • serviço eleitoral (Lei nº 9.504/1997); • exame vestibular de faculdade (Art. 473 da CLT); • comparecimento em juízo (Art. 473 da CLT).	• **Licença não remunerada:** acidente ou doença após o 16º dia. Nos casos de afastamentos pelo INSS, os primeiros 15 dias são de responsabilidade do empregador; a partir do 16º dia, a responsabilidade é do INSS. • Licença maternidade por 120 dias. • Greve (se houver acordo de manutenção dos salários, torna-se interrupção). • Serviço Militar Obrigatório (se houver a continuidade do recolhimento do FGTS, torna-se interrupção). • Prisão (enquanto aguarda a sentença final).

Exercícios

1. A qualidade e a produtividade dos trabalhadores estão relacionadas ao entendimento claro dos objetivos da empresa? Comente.

2. De que forma o período de alimentação e descanso pode ser considerado como ferramenta estratégica das empresas? Justifique.

3. O Departamento de Pessoal poderia contribuir para diminuir as ausências no posto de trabalho? Comente.

6 FUNDO DE GARANTIA DO TEMPO DE SERVIÇO (FGTS)

A Lei nº 8.036, de 11 de maio de 1990, regulamenta a opção pelo Fundo de Garantia do Tempo de Serviço, que determina a obrigatoriedade das empresas de calcular 8% sobre a remuneração do trabalhador no mês e depositar esse valor até o sétimo dia do mês seguinte, em uma conta específica vinculada e individual do trabalhador, na Caixa Econômica Federal (CEF).

> Art. 7º da Constituição Federal – São direitos dos trabalhadores [...] além de outros [...]
>
> III – Fundo de Garantia do Tempo de Serviço.

6.1 Multa Rescisória

Quando houver a rescisão do contrato de trabalho, por iniciativa do empregador e sem justa causa, o trabalhador tem direito a receber, a título de multa rescisória, o valor de 40% sobre o saldo de sua conta vinculada.

Na rescisão por acordo entre empregado e empregador, o valor da multa é a metade (Art. 484-A da CLT).

O saldo da conta vinculada do FGTS do trabalhador é atualizado mensalmente por índice aplicado pela própria Caixa Econômica Federal, o qual é utilizado para os fins dos cálculos da rescisão.

6.2 Movimentação da Conta Vinculada do FGTS

O trabalhador pode movimentar ou sacar os depósitos do FGTS nos seguintes casos:

a) demissão sem justa causa pelo empregador;

b) término do contrato por prazo determinado;

c) rescisão por falência, falecimento do empregador individual, empregador doméstico ou nulidade do contrato;

d) rescisão do contrato por culpa recíproca ou força maior;

e) aposentadoria;

f) necessidade pessoal, urgente e grave, decorrente de desastre natural causado por chuva ou inundações que tenham atingido a área de residência do trabalhador, quando a situação de emergência ou o estado de calamidade pública for assim reconhecido, por meio de portaria do governo federal;

g) suspensão do trabalho avulso;

h) falecimento do trabalhador;

i) idade igual ou superior a 70 anos;

j) portador de HIV – Sida/Aids (trabalhador ou dependente);

k) neoplasia maligna (trabalhador ou dependente);

l) estágio terminal em decorrência de doença grave (trabalhador ou dependente);

m) permanência do trabalhador titular da conta vinculada por três anos ininterruptos for a do regime do FGTS, com afastamento a partir de 14/07/1990;

n) permanência da conta vinculada por três anos ininterruptos sem crédito de depósitos, cujo afastamento do trabalhador tenha ocorrido até 13/07/1990;

o) aquisição de casa própria, liquidação ou amortização de dívida ou pagamento de parte das prestações de financiamento habitacional;

FOLHA DE PAGAMENTO

7.1 Legislação

Folha de Pagamento é o processamento final das informações sobre a remuneração do trabalhador, ou seja, a contabilização dos vencimentos em relação aos descontos legais e autorizados. O pagamento deve ser feito até o quinto dia útil do mês subsequente ao trabalhado (Art. 459, § 1º da CLT).

Uma Folha de Pagamento é composta por vários eventos (cadastros) preliminares, também conhecidos como parâmetros. Esses parâmetros são a base para que as informações financeiras sejam armazenadas, compartilhadas e processadas para o demonstrativo de pagamento do trabalhador.

> Art. 459 da CLT – O pagamento do salário, qualquer que seja a modalidade do trabalho, não deve ser estipulado por período superior a um mês, salvo no que concerne a comissões, percentagens e gratificações.
>
> § 1º Quando o pagamento houver sido estipulado por mês, deverá ser efetuado, o mais tardar, até o quinto dia útil do mês subsequente ao vencido (redação da Lei nº 7.855/89).

Art. 463 da CLT – A prestação, em espécie, do salário será paga em moeda corrente do País.

Parágrafo único. O pagamento do salário realizado com inobservância deste artigo considera-se como não feito.

Art. 465 da CLT – O pagamento dos salários será efetuado em dia útil e no local de trabalho, dentro do horário do serviço ou imediatamente após o encerramento deste, salvo quando efetuado por depósito em conta bancária, observado o disposto no artigo anterior (red. Lei nº 9.528/97, Art. 3º).

Art. 7º São direitos dos trabalhadores [...] além de outros [...]

X – proteção do salário na forma da lei, constituindo crime sua retenção dolosa.

Exemplo

Parâmetros da Folha de Pagamento

1. Cadastro das empresas e/ou estabelecimentos e classificação tributária.
2. Cadastro das rubricas da Folha de Pagamento e respectiva natureza (salarial, não salarial, base etc.).
3. Cadastro de lotações tributárias (CNAE, método de cálculo previdenciário e classificação da atividade FPAS).
4. Cadastro de cargos e/ou função (CBO).
5. Cadastro de horários e/ou turnos de trabalho.
6. Cadastro de ambientes de trabalho (fatores de risco).
7. Cadastro dos trabalhadores (ativos, inativos e outros).

Desde 2014, com a introdução do sistema de controle informatizado da Folha de Pagamento (eSocial), sua função operacional, fiscal e contábil passou a representar um sistema fiscal digital das obrigações fiscais, previdenciárias e trabalhistas, administrada por um comitê gestor da Secretaria Especial de Previdência e Trabalho, do Ministério da Economia.

Todos os registros financeiros das relações de trabalho e emprego são feitos por meio de software de gestão. Com a automação das informações da folha onerosa, o Departamento de Pessoal passa a reduzir as burocracias e a aumentar a confiabilidade na prestação de informações para o governo federal, pois as informações são enviadas digitalmente e o feedback é imediato. Essa redução de burocracias diminui os erros e melhora a eficiência na fiscalização.

As mudanças permitem a adoção de novas posturas em empresas e nos profissionais de Gestão de Pessoas. A automação dos processos simplifica o acesso às informações geradas pela Folha de Pagamento, integrando as informações em um único ambiente nacional.

A nova dinâmica proposta pela gestão das informações via eSocial gera algumas exigências: otimização dos processos para o cumprimento das obrigações; pessoas qualificadas para gerir as mudanças; adaptação à tecnologia da informação, principalmente nos cadastros do empregador e trabalhador, sob pena de multas e outras penalidades.

7.2 VENCIMENTOS

São as parcelas relacionadas ao salário, devido no mês de competência, e os adicionais que integram a remuneração do trabalhador:

a) adiantamento salarial;

b) salário do mês;

c) Descanso Semanal Remunerado (DSR);

d) adicionais (horas extras, DSR de hora extra, adicional noturno, insalubridade, periculosidade, comissões etc.);

e) gratificações/prêmios e outros adicionais;

f) salário-família;

g) 13º salário;

h) empréstimos descontados em Folha.

A Folha de Pagamento processada gera um demonstrativo de pagamento, que é a forma de representar para o trabalhador, de maneira clara e objetiva, a sua remuneração.

> Art. 464 da CLT – O pagamento do salário deverá ser efetuado contra recibo, assinado pelo empregado; em se tratando de analfabeto, mediante sua impressão digital, ou, não sendo esta possível, a seu rogo.
>
> Parágrafo único. Terá força de recibo o comprovante de depósito em conta bancária, aberta para esse fim em nome de cada empregado, com o consentimento deste, em estabelecimento de crédito próximo ao local de trabalho (red. Lei nº 9.528/97, Art. 3º).

7.3 Adiantamento Salarial

Normalmente, por força de acordo ou convenção coletiva, os empregadores concedem um adiantamento do salário

O pagamento do adiantamento salarial, normalmente em torno de 40%, é feito em dia que antecede o pagamento da Folha de Pagamento (dias 15, 20 etc.). Esse adiantamento será compensado na Folha de Pagamento do mês da competência junto com as demais rubricas de desconto.

Nos casos de trabalhadores que são contratados durante o respectivo mês do adiantamento salarial, a empresa poderá proporcionalizar o adiantamento em razão dos dias efetivamente trabalhados, somando-se o Descanso Semanal Remunerado (DSR).

Exemplo 1

Folha de Pagamento: 04/20XX – horista
Admissão: 01/04/20XX (30 dias trabalhados no mês)
Salário-base: R$ 6,00/hora

Demonstrativo de Pagamento

Descrição	Ref.	Vencimentos	Descontos
Adiantamento salarial		528,00	

Cálculo: salário-base × 220 horas × 40% = **adiantamento salarial**.
Cálculo: R$ 6,00 × 220 = R$ 1.320,00 × 40% = R$ 528,00

Exemplo 2

Folha de Pagamento: 04/20XX – horista
Admissão: 16/04/20XX (15 dias trabalhados no mês)
Salário-base: R$ 6,00/hora

Demonstrativo de Pagamento

Descrição	Ref.	Vencimentos	Descontos
Adiantamento salarial		264,00	

Cálculo: salário-base × 220/30 × 15 dias × 40% = **adiantamento salarial**.
Cálculo: R$ 6,00 × 220 = R$ 1.320,00/30 × 15 = R$ 660,00 × 40% = R$ 264,00

Exemplo 3

Folha de Pagamento: 04/20XX – mensalista
Admissão: 01/04/20XX (30 dias trabalhados no mês)
Salário-base: R$ 1.320,00/mês

Demonstrativo de Pagamento

Descrição	Ref.	Vencimentos	Descontos
Adiantamento salarial		528,00	

Cálculo: saláric-base × 40% = **adiantamento salarial**.
Cálculo: R$ 1.320,00 × 40% = R$ 528,00

Exemplo 4

Folha de Pagamento: 04/20XX – mensalista
Admissão: 16/04/20XX (15 dias trabalhados no mês)
Salário-base: R$ 1.320,00/mês

Demonstrativo de Pagamento

Descrição	Ref.	Vencimentos	Descontos
Adiantamento salarial		264,00	

Cálculo: salário-base/30 × 15 dias × 40% = **adiantamento salarial**.
Cálculo: R$ 1.320,00/30 × 15 = R$ 660,00 × 40% = R$ 264,00

7.4 Salário do Mês

O Departamento de Pessoal, no decorrer do mês, realiza o apontamento da frequência dos trabalhadores mensalistas e horistas na empresa, e posteriormente lança as informações na Folha de Pagamento para o processamento.

O cálculo do salário mensal é feito com base nos dias trabalhados do mês da Folha de Pagamento.

a) **Mensalista:** para o cálculo do salário mensal, deve-se informar os dias e DSR correspondentes do mês, inclusive se houver faltas e/ou atrasos, que serão lançados como desconto ou abono em rubrica específica na Folha de Pagamento.

Caso o trabalhador tenha iniciado as suas atividades no decorrer do mês, o lançamento será proporcional.

A rubrica salarial servirá de base para o cálculo para o INSS, FGTS e Imposto de Renda.

Exemplo 1

Folha de Pagamento: 04/20XX
Admissão: 01/04/20XX (30 dias trabalhados)
Salário-base: R$ 1.320,00/mês

Demonstrativo de Pagamento

Descrição	Ref.	Vencimentos	Descontos
Salário mensal	30 dias	1.320,00	

Exemplo 2

Folha de Pagamento: 04/20XX
Admissão: 16/04/20XX (15 dias trabalhados no mês)
Salário-base: R$ 1.320,00/mês

Demonstrativo de Pagamento

Descrição	Ref.	Vencimentos	Descontos
Salário mensal	15 dias	660,00	

b) **Horista:** para o cálculo do salário por hora, deve-se informar as horas e DSR correspondentes do mês, inclusive se houver faltas e/ou atrasos, que serão lançados como desconto ou abono em rubrica específica na Folha de Pagamento.

Caso o trabalhador tenha iniciado as suas atividades no decorrer do mês, o lançamento será proporcional.

A rubrica salarial servirá de base para o cálculo para INSS, FGTS e Imposto de Renda.

Exemplo 1

Folha de Pagamento: 04/20XX
Admissão: 01/04/20XX (30 dias trabalhados)
Salário-base: R$ 6,00/hora (base: 220 horas)

Demonstrativo de Pagamento

Descrição	Ref.	Vencimentos	Descontos
Horas trabalhadas	188 horas	1.128,00	
Descanso Semanal Remunerado	32 horas	192,00	

Exemplo 2

Folha de Pagamento: 04/20XX
Admissão: 16/04/20XX (15 dias trabalhados)
Salário-base: R$ 6,00/hora (base: 220 horas)

Demonstrativo de Pagamento

Descrição	Ref.	Vencimentos	Descontos
Horas trabalhadas	94 horas	564,00	
Descanso Semanal Remunerado	16 horas	96,00	

7.5 Adicionais

O lançamento dos adicionais é realizado de acordo com a sua característica e nomenclatura (rubrica) específica (horas extras, DSR de horas extras, adicional noturno, adicional de insalubridade, adicional de periculosidade etc.).

7.5.1 Horas Extras

As horas realizadas além da jornada normal de trabalho e autorizadas pela empresa devem ser computadas e pagas de acordo com o estipulado no acordo ou na convenção coletiva de trabalho, com exceção no caso de compensação futura (banco de horas).

Demonstrativo de Pagamento

Salário-base: R$ 1.320,00/ mês

Descrição	Ref.	Vencimentos	Descontos
Horas extras (50%)	5 horas	45,00	

- Salário-base dividido por 220 horas, multiplicado pelo número de horas extras e acrescido de, pelo menos, 50% (Art. 59, § 1º CLT) = **valor das horas extras**.

(1.320,00/220 = 6,00 × 5 = 30,00 + 50% = R$ 45,00)

Demonstrativo de Pagamento

Salário-base: R$ 6,00/hora

Descrição	Ref.	Vencimentos	Descontos
Horas extras (50%)	5 horas	45,00	

- Salário-base multiplicado pelo número de horas extras e acrescido, de pelo menos 50% (Art. 59, § 1º CLT) = **valor das horas extras**.

(6,00 × 5 = 30,00 + 50% = R$ 45,00)

7.5.2 DSR de Horas Extras

Calculado sobre as horas extras que integram o Descanso Semanal Remunerado (DSR). O cálculo é a divisão do valor total das horas extras pelos dias úteis do mês e multiplicado pelo número de domingos e feriados.

Demonstrativo de Pagamento

Salário-base: R$ 1.320,00/mês ou R$ 6,00/hora

Descrição	Ref.	Vencimentos	Descontos
Horas extras (50%)	5 horas	45,00	
DSR/horas extras		6,92	

- Valor das horas extras dividido pelos dias úteis do mês, multiplicado pelo número de domingos e feriados = **valor do DSR/horas extras**.

(45,00/26 = 1,73 × 4 = R$ **6,92**) – Levando em consideração um mês com 26 dias úteis e 4 dias entre domingos e feriados.

7.5.3 Adicional Noturno

As horas trabalhadas entre as 22 horas e as 5 horas da manhã do dia seguinte são pagas na Folha de Pagamento a título de adicional noturno, seguindo a legislação que determina o acréscimo de, pelo menos, 20% sobre a hora diurna (Art. 73 da CLT).

Demonstrativo de Pagamento

Salário-base: R$ 1.320,00/mês

Descrição	Ref.	Vencimentos	Descontos
Horas extras (50%)	5 horas	45,00	
DSR/horas extras		6,92	
Adicional noturno (20%)	15 horas	18,00	

- Salário-base dividido por 220 horas, multiplicado pelo número de horas de adicional noturno e multiplicado por 20% = **valor do adicional noturno**.

(1.320,00/220 = 6,00 × 15 = 90,00 × 20% = R$ **18,00**)

Demonstrativo de Pagamento

Salário-base: R$ 6,00/hora

Descrição	Ref.	Vencimentos	Descontos
Horas extras (50%)	5 horas	45,00	
DSR/horas extras		6,92	
Adicional noturno (20%)	15 horas	18,00	

- Salário base multiplicado pelo número de horas de adicional noturno e multiplicado por 20% = **valor do adicional noturno**.

(6,00 × 15 = 90,00 × 20% = R$ **18,00**)

7.6 Adicional de Insalubridade

O lançamento do adicional de insalubridade é realizado de acordo com o cargo e a função do trabalhador (Art. 189 CLT, NR-15).

a) 10% – grau mínimo;

b) 20% – grau médio;

c) 40% – grau máximo.

O percentual é calculado sobre o salário mínimo vigente ou melhor condição, previsto em acordo ou convenção coletiva da categoria.

7.6.1 Periculosidade

O lançamento do adicional de periculosidade é realizado de acordo com o cargo e a função do trabalhador (Art. 193 CLT; NR-16).

7.6.2 Comissões

Normalmente, o valor das comissões é calculado pelo Departamento Comercial da empresa e informado ao Departamento de Pessoal para o efetivo pagamento na Folha de Pagamento do mês.

7.6.3 Salário-família

É pago mensalmente, por filho ou equiparado de qualquer condição, até 14 anos de idade. O valor pago na Folha de Pagamento é estipulado em relação a remuneração do trabalhador.

Quadro 7.1 – Estrutura da tabela do Salário-família

Renumeração do trabalhador	Salário-família
Até R$ x.xxx,xx	XX,XX

7.7 Descontos Salariais

São as parcelas legais incidentes sobre a remuneração do trabalhador e que são repassadas para os órgãos do Ministério da Economia, além das parcelas autorizadas no decorrer do seu Contrato Individual de Trabalho.

> Art. 462 – Ao empregador é vedado efetuar qualquer desconto nos salários do empregado, salvo quando este resultar de adiantamentos de dispositivos de lei ou de contrato coletivo.
>
> § 1º Em caso de dano causado pelo empregado, o desconto será lícito, desde que esta possibilidade tenha sido acordada ou na ocorrência de dolo do empregado. [...]
>
> Art. 7º São direitos dos trabalhadores [...] além de outros [...]
>
> X – proteção do salário na forma da lei, constituindo crime sua retenção dolosa.

A compensação de débitos contraídos pelo empregado tem apoio em lei. A lei contém exceções expressas à garantia salarial: a) adiantamentos: em princípio perdem tal caráter no que superam o valor mensal da remuneração [...]; b) contribuições previdenciárias (devidas pelo empregado, mas recolhidas pelo empregador), contribuição sindical (Art. 578), condenação em ação de alimentos, imposto de renda (desconto na fonte), compensação por falta de aviso prévio; c) mediante requisição do INSS, a empresa fica obrigada a descontar [...]. (CARRION, p. 310, 2000)

Alguns exemplos:

a) faltas e atrasos;
b) INSS;
c) Imposto de Renda Retido na Fonte;
d) vale-transporte;
e) empréstimo;
f) descontos autorizados (seguro de vida, refeição, plano de assistência médica, cesta básica, plano odontológico, contribuição sindical, mensalidade sindical etc.).

7.7.1 Faltas e Atrasos

Após o fechamento do controle de frequência, o Departamento de Pessoal lança as ocorrências de faltas e atrasos. No Demonstrativo de Pagamento, cada ocorrência terá uma rubrica específica.

Demonstrativo de Pagamento

Salário-base: R$ 1.320,00/mês

Descrição	Ref.	Vencimentos	Descontos
Faltas	2 dias		88,00
Atrasos	16 horas		96,00

7.7.1.1 Mensalista

- **Faltas:** salário-base dividido por 30 dias = salário de 1 dia × número de dias de faltas = 1.320,00/30 = 44,00 × 2 = R$ 88,00.
- **Atrasos:** salário-base dividido por 220 horas = salário/hora × número de horas de atraso = 1.320,00/220 = 6,00 × 16 = R$ 96,00.

Demonstrativo de Pagamento

Salário-base: R$ 10,00/hora

Descrição	Ref.	Vencimentos	Descontos
Faltas	22 horas		220,00
Atrasos	6 horas		60,00

7.7.1.2 Horista

- **Faltas:** salário-base × número de horas do dia = salário/dia = 10,00 × 22 = R$ 220,00
- **Atrasos:** salário-base × número de horas de atraso = 10,00 × 6 = R$ 60,00

7.7.1.3 INSS

O Instituto Nacional do Seguro Social (INSS) é um órgão do Ministério da Economia, que regulamenta o desconto direto na Folha de Pagamento dos trabalhadores assalariados, empregados domésticos e avulsos.

O órgão divulga a tabela progressiva com as faixas de remuneração incidentes e respectivas alíquotas para o cálculo da contribuição a ser paga ao INSS. A partir da Portaria nº 914, de 13 de janeiro de 2020, a estrutura da tabela de contribuição dos segurados para pagamento de remuneração de 1º de janeiro de 2020 a 29 de fevereiro de 2020 manteve-se inalterada, respeitando as alíquotas vigentes, conforme apresentado no Quadro 7.2.

Quadro 7.2 – Estrutura da tabela INSS de 01/01 a 29/02/2020

Salário de contribuição (R$)	% de desconto
Até R$ 1.751,81	8%
De R$ 1.751,82 até R$ 2.919,72	9%
De R$ 2.919,73 até R$ 5.839,45	11%

A partir de 1º de março de 2020, a estrutura da tabela e suas respectivas alíquotas para fins de recolhimento ao INSS passaram por alteração, conforme Quadro 7.3.

Quadro 7.3 – Alterações do INSS a partir de 1º de março de 2020

Salário de contribuição (R$)	% de desconto
Até R$ xxx,xx	7,5%
De R$ xxxx,xx a R$ xxxx,xx	9%
De R$ xxxx,xx a R$ xxxx,xx	11%
De R$ xxxx,xx a R$ xxxx,xx	14%

7.7.2 Recolhimento do INSS

Com a aprovação do uso do eSocial e da EFD Reinf, as empresas passaram a utilizar o DARF Previdenciário em substituição à GPS. Essa guia de recolhimento é emitida pelo e-CAC no portal da Receita Federal, após o fechamento da Folha de Pagamento, via eSocial e após a transmissão das informações para a DCTF Web.

A DCTF Web é uma obrigação acessória que visa facilitar o recebimento das informações de contribuições e tributos para a Receita Federal. Essas informações eram declaradas, até então, na guia Recolhimento do FGTS e de Informações à Previdência Social (GFIP), geradas pelo aplicativo SEFIP.

O Departamento de Pessoal deve fazer o recolhimento do INSS de forma correta. Veja a seguir:

a) cada empregado assalariado tem uma Folha de Pagamento da empresa (Guia da Previdência Social – GPS). O recolhimento deve ser feito até o dia 20 do mês seguinte. Caso não haja expediente bancário, o pagamento deve acontecer até o dia útil imediatamente anterior;

b) em caso de empregado doméstico, por meio do ambiente nacional do eSocial (Documento de Arrecadação do eSocial – DAE), com recolhimento até o dia 7 do mês seguinte. Caso não haja expediente bancário, o pagamento poderá ser prorrogado para o dia imediatamente posterior.

7.7.3 Imposto de Renda Retido na Fonte (IRRF)

O IRRF é um tributo federal que incide sobre a remuneração do trabalhador, chamado de rendimentos tributáveis, de acordo com o regulamento do Imposto de Renda. A Receita Federal do Brasil é o órgão arrecadador e regulamenta o desconto mensal na Folha de Pagamento, sempre que a remuneração ultrapassar um valor estabelecido em tabela progressiva.

Quadro 7.4 – Estrutura da tabela IRRF

Faixa de rendimento líquido (R$)	Alíquota (%)	Parcela a deduzir (R$)
Até R$ xxx,xx	Isento	-
De R$ xxxx,xx a R$ xxxx,xx	7,5%	R$ xxxx,xx
De R$ xxxx,xx a R$ xxxx,xx	15%	R$ xxxx,xx
De R$ xxxx,xx a R$ xxxx,xx	22,5%	R$ xxxx,xx
Acima de R$ xxxx,xx	27,5%	R$ xxxx,xx

Veja, a seguir, como realizar o cálculo do IRRF na Folha de Pagamento:

a) apurar o valor da remuneração do trabalhador, chamado de "rendimentos tributáveis bruto";

b) deduzir da base bruta o valor da contribuição previdenciária (INSS);

c) deduzir da base bruta o valor dos dependentes legais, declarados no documento "Encargos de Família para fins de Imposto de Renda na Fonte", quando houver. O valor por dependente é divulgado junto à tabela progressiva;

d) deduzir os valores de pensão alimentícia, quando houver;

e) o resultado é a base de cálculo do IRRF, conhecido como "rendimentos tributáveis líquido";

f) verificar a faixa de rendimento líquido e respectiva alíquota;

g) aplicar a alíquota sobre a remuneração líquida e deduzir o valor correspondente à alíquota (parcela a deduzir);

h) o resultado é o IRRF da folha de pagamento.

Observação	Fica dispensado o recolhimento do IRRF quando o valor for igual ou inferior a R$ 10,00.

7.7.4 Recolhimento do Imposto de Renda Retido na Fonte (DARF)

A Receita Federal do Brasil instituiu o Documento de Arrecadação de Receitas Federais (DARF). O recolhimento é feito até o dia 20 do mês subsequente ao fato gerador do imposto devido.

7.7.5 Contribuição Sindical

A Lei nº 13.467/2017 – conhecida como Reforma Trabalhista – altera o texto da CLT, prevendo o desconto na Folha de Pagamento dos empregados, desde que por eles devidamente autorizados, a contribuição devida ao sindicato, quando por este notificados (Arts. 545, 578, 579, 582, 583, 587, 602 e 611-B da CLT).

Outros tipos de contribuições sindicais:

a) **Contribuição assistencial e confederativa:** valor decidido em negociação coletiva entre empregadores e trabalhadores e descontado na Folha de Pagamento. Caso o trabalhador não concorde com o desconto, ele pode expressar sua vontade no sindicato da categoria (Art. 513 da CLT e Art. 8º da Constituição Federal de 1988).

b) **Mensalidade sindical:** valor determinado para os trabalhadores associados ao sindicato da categoria profissional, descontado na Folha de Pagamento, com sua autorização prévia.

7.7.6 Vale-transporte

O valor custeado pelo empregado equivalente a 6% do seu salário-base ou o valor das respectivas viagens (o que for menor) é descontado na Folha de Pagamento do mês de competência.

Salário-base	%	Viagens recebidas	Desconto
1.000,00	6	70,00	60,00
1.320,00	6	30,00	30,00

Demonstrativo de Pagamento

Descrição	Ref.	Vencimentos	Descontos
Vale-transporte			XXX,XX

7.8 Outros Descontos Autorizados

Os demais descontos autorizados seguem os critérios estabelecidos entre o empregador e o trabalhador, por meio de documento, devendo ser lançados na Folha de Pagamento do mês da efetiva utilização do benefício.

7.8.1 Fundo de Garantia do Tempo de Serviço (FGTS)

Após a finalização dos lançamentos de todas as verbas de vencimentos e descontos na Folha de Pagamento, apura-se o valor das rubricas que integram a remuneração do trabalhador (base de cálculo).

Feito isso, calcula-se 8% (FGTS do mês), que deve ser depositado na conta vinculada do trabalhador. O depósito pode ser feito pelo convênio com a Caixa Econômica Federal (Conectividade Social).

7.8.2 Demonstrativo de Pagamento

Finalizado o processamento da Folha de Pagamento, é elaborado um demonstrativo de pagamento mensal, que contempla ainda:

Quadro 7.5 – Modelo de Demonstrativo de Pagamento

Cód.	Descrição	Ref.	Vencimentos	Descontos	
1	2	3	4	5	
		Total	6	7	
		Líquido a Receber		8	
Salário-base	Sal. Contribuição	Base do FGTS	FGTS do mês	Base do IRRF	%
9	10	11	12	13	14

1. **Código das rubricas da Folha de Pagamento:** código interno utilizado pela empresa e/ou contabilidade.
2. **Descrição das rubricas da Folha de Pagamento:** nome da verba e sua natureza.
3. **Referência para base de cálculo das rubricas:** identifica quantidades como dias, horas, minutos etc.
4. **Vencimentos:** valores devidos da remuneração.
5. **Descontos:** valores dedutíveis da remuneração.
6. **Total de vencimentos:** somatório de todos os valores salariais devidas.
7. **Total de descontos:** somatório de todos os valores que serão objeto de desconto da remuneração.
8. **Líquido a receber:** valor que o trabalhador receberá pelo trabalho no mês de referência.
9. **Salário-base:** valor do salário-base para o cálculo das parcelas salariais.
10. **Salário de contribuição:** somatório dos valores que integram a remuneração do trabalhador, incidentes para o cálculo do INSS.
11. **Base de cálculo do FGTS:** somatório dos valores que integram a remuneração do trabalhador, incidentes para o cálculo do FGTS.
12. **FGTS do mês:** valor dos 8% do FGTS sobre a remuneração do trabalhador.
13. **Base de cálculo do Imposto de Renda Retido na Fonte (IRRF):** somatório dos valores que integram a base dos rendimentos tributáveis líquidos.
14. **Alíquota do IRRF:** percentual correspondente à faixa dos rendimentos tributáveis líquido da tabela progressiva.

Quadro 7.6 – Modelo de Demonstrativo de Pagamento (preenchido)

Cód.	Descrição	Ref.	Vencimentos	Descontos
	Salário Mês	27 dias	3.564,00	
	Horas Extras 50%	11,50h	310,50	
	DSR sobre Horas Extras	22/5	70,57	
	Adicional Noturno 20%	0,50h	1,80	
	Falta(s)	1 dia		132,00
	Atraso(s)	0,25h		4,50
	INSS	11%		419,14
	IRRF			153,88
		Total	3.946,87	709,52
		Líquido a Receber		3.237,35

Salário-base	Sal. Contribuição	Base do FGTS	FGTS do mês	Base do IRRF	%
3.960,00	3.810,37	3.810,37	304,83	3.391,23	15*

* Cálculo do INSS conforme tabela de janeiro de 2020.

Exemplo Prático 1

Apontamento e Elaboração da Folha de Pagamento (mensalista)

PARÂMETROS 1
Admissão: 04/06/2020
Horário: Seg./Sexta, das 8:00 às 18:00
Intervalo: 1h12
Salário: R$ 3.960,00/mês

ACORDO/CONVENÇÃO COLETIVA
Horas Extras: Seg./Sex.: 50%
Adicional Noturno: 20%
Tolerância para os atrasos na entrada: 5 minutos

Junho/20 — Apontamentos

Dia	Entrada	Saída	Entrada	Saída	Entrada	Saída	H. Extra 50%	Ad. Not. 20%
1	Sábado							
2	Domingo							
3								
4	07:59			18:02				
5	07:58			18:01				
6	07:53			18:02				
7	07:58			18:01				
8	Sábado							
9	Domingo							
10	08:00			18:02				
11	08:00			18:02				
12	07:57			18:01				

Dia	Entrada	Saída	Entrada	Saída	Entrada	Saída	H. Extra 50%	Ad. Not. 20%
					Junho/20		Apontamentos	
13	07:59			18:00	18:00	19:45	1h45	
14	08:01			18:03				
15	Sábado							
16	Domingo							
17	07:55			18:01				
18	08:00			18:02				
19	07:58			18:00	18:00	22:30	4h30	0h30
20	Feriado							
21	08:15			18:02				
22	Sábado							
23	Domingo							
24	07:53			18:00	18:00	20:05	2h05	
25	07:59			18:00	18:00	20:00	2h00	
26	07:58			18:00	18:00	19:10	1h10	
27	Falta			Falta				
28	08:00			18:02				
29	Sábado							
30	Domingo							
31								

Resumo do Apontamento

Descrição - Mês 06/20	Referência
Salário do Mês	27 dias
Horas Extras 50%	11,50h
DSR de Horas Extras	22/5
Adicional Noturno 20%	0,50h
Falta(s)	1 dia
Atraso(s)	0,25

Cód.	Descrição	Ref.	Vencimentos	Descontos
	Salário Mês	27 dias	3.564,00	
	Horas Extras 50%	11,50h	310,50	
	DSR sobre Horas Extras		70,57	
	Adicional Noturno 20%	0,50h	1,80	
	Falta(s)	1 dia		132,00
	Atraso(s)	0,25h		4,50
	INSS	0,11		419,14
	IRRF			153,88
		Total	3.946,87	709,52
		Líquido a Receber		3.237,35

Salário-base	Sal. Contribuição	Base do FGTS	FGTS do mês	Base do IRRF	%
3.960,00	3.810,37	3.810,37	304,83	3.391,23	15

Tabela do INSS 2019

Salário de contribuição	%
Até R$ 1.751,81	8
De 1.751,82 até R$2.919,72	9
De R$2.919,73 até R$5.839,45	11

Contribuição máxima (teto): R$ 642,34

Tabela do Imposto de Renda

Faixa de rendimento líquido (R$)	Alíquota (%)	Parcela a deduzir (R$)
Até R$ 1.903,98	--	--
De R$ 1.903,99 até R$ 2.826,65	7,5	142,80
De R$ 2.826,66 até R$ 3.751,05	15,0	354,80
De R$ 3.751,06 até R$ 4.664,68	22,5	636,13
Acima de R$ 4.664,68	27,5	869,36

Dependente: R$ 189,59

Exemplos Prático 2

Apontamento e Elaboração da Folha de Pagamento (horista)

PARÂMETROS 2
Admissão: 04/06/2020
Horário: Seg./Sábado, das 8:00 às 16:20
Intervalo: 1h00
Salário: R$ 18,00/hora

ACORDO/CONVENÇÃO COLETIVA
Horas Extras: Seg./Sex.: 85%
Sábados/Domingos/Feriados: 100%
Adicional Noturno: 30%
Tolerância para os atrasos na entrada: 2 minutos

Junho/20 — Apontamentos

Dia	Entrada	Saída	Entrada	Saída	Entrada	Saída	H. Extra 85%	H. Extra 100%	Ad. Not. 30%
1	Sábado								
2	Domingo								
3									
4	08:00			16:20					
5	08:00			16:20	16:20	18:00	1h40		
6	07:59			16:20	16:20	17:50	1h30		
7	08:00			16:20	16:20	17:50	1h30		
8	08:05			16:20	16:20	17:50		1h30	
9	Domingo								
10	07:58			16:19	16:20	18:20	2h00		
11	07:59			16:20	16:20	19:20	3h00		
12	08:05			16:20					
13	08:00			16:20					
14	08:00			16:20					
15	08:01			16:20	16:20	17:50	1h30		
16	Domingo								
17	08:25			16:20	16:20	20:00	3h40		
18	07:58			16:19	16:20	23:00	6h40		1h00
19	08:00			16:20					
20	Feriado								
21	08:02			16:20					
22	07:58			16:19	16:20	23:00		6h40	1h00
23	Domingo								
24	08:00			16:21					
25	08:02			16:20	16:20	19:50	3h30		
26	08:00			16:22					

Junho/20

Dia	Entrada	Saída	Entrada	Saída	Entrada	Saída	H. Extra 85%	H. Extra 100%	Ad. Not. 30%
27	08:21		16:20						
28	07:58		16:20	16:20	18:20		2h00		
29	08:00		16:20						
30	Domingo								
31									

Resumo do Apontamento

Descrição - Mês 06/20	Referência
Horas Trabalhadas	161,33
DSR	36,67
Horas Extras 85%	25,50
Horas Extras 100%	9,67
DSR de Horas Extras	22/5
Adicional Noturno 30%	2,00
Atrasos	0,58

Cód.	Descrição	Ref.	Vencimentos	Descontos
	Horas Normais	161,33	2.903,94	
	DSR	36,67	660,06	
	Horas Extras 85%	25,5	849,15	
	Horas Extras 100%	9,67	348,12	
	DSR das Horas Extras		272,11	
	Adicional Noturno 30%	2,00	10,80	
	Atraso(s)	0,58		10,44
	INSS	11%		553,71
	IRRF			371,88
		Total	5.044,18	936,03
		Líquido a Receber		4.108,15

Salário-base	Sal. Contribuição	Base do FGTS	FGTS do mês	Base do IRRF	%
18,00	5.033,74	5.033,74	402,70	4.480,03	22,50%

Tabela do INSS 2019

Salário de contribuição	%
Até R$ 1.751,81	8
De R$ 1.751,82 até R$ 2.919,72	9
De R$ 2.919,73 até R$ 5.839,45	11

Contribuição máxima (teto): R$ 642,34

Tabela do Imposto de Renda

Faixa de rendimento líquido (R$)	Alíquota (%)	Parcela a deduzir (R$)
Até R$ 1.903,98	--	--
De R$ 1.903,99 até R$ 2.826,65	7,5	142,80
De R$ 2.826,66 até R$ 3.751,05	15,0	354,80
De R$ 3.751,06 até R$ 4.664,68	22,5	636,13
Acima de R$ 4.664,68	27,5	869,36

Dependente: R$ 189,59

Exercícios

1. Qual é o prazo legal para o empregador pagar a Folha de Pagamento dos trabalhadores sob o regime da Consolidação das Leis do Trabalho (CLT)?

2. Calcule e lance nos demonstrativos o pagamento de adiantamento salarial com base em 40% dos seguintes salários:

   a) **Demonstrativo de Pagamento**

Descrição	Ref.	Vencimentos	Descontos
Adiantamento salarial			
Salário-base: R$ 1.320,00/mês			

   b) **Demonstrativo de Pagamento**

Descrição	Ref.	Vencimentos	Descontos
Adiantamento salarial			
Salário-base: R$ 1.500,00/mês			

c) **Demonstrativo de Pagamento**

Descrição	Ref.	Vencimentos	Descontos
Adiantamento salarial			
Salário-base: R$ 8,00/hora (base 220h)			

3. Calcule e lance nos demonstrativos o pagamento do valor das horas extras com base em 50%.

a) **Demonstrativo de Pagamento**

Descrição	Ref.	Vencimentos	Descontos
Horas extras (50%)	20 horas		
Salário-base: R$ 1.320,00/mês			

b) **Demonstrativo de Pagamento**

Descrição	Ref.	Vencimentos	Descontos
Horas extras (50%)	30 horas		
Salário-base: R$ 1.500,00/mês			

c) **Demonstrativo de Pagamento**

Descrição	Ref.	Vencimentos	Descontos
Horas extras (50%)	18 horas		
Salário-base: R$ 8,00/hora (base 220h)			

4. Calcule e lance nos demonstrativos o pagamento do DSR das horas extras do exercício nº 3, levando em consideração o mês com:

- 26 dias úteis;
- 4 dias (domingos e feriados).

a) **Demonstrativo de Pagamento**

Descrição	Ref.	Vencimentos	Descontos
DSR/horas extras			
Salário-base: R$ 1.320,00/mês			

b) **Demonstrativo de Pagamento**

Descrição	Ref.	Vencimentos	Descontos
DSR/horas extras			
Salário-base: R$ 1.500,00/mês			

c) **Demonstrativo de Pagamento**

Descrição	Ref.	Vencimentos	Descontos
DSR/horas extras			
Salário-base: R$ 8,00/hora (base 220h)			

5. Calcule e lance nos demonstrativos o pagamento do adicional noturno com base em 20% dos salários:

   a) **Demonstrativo de Pagamento**

Descrição	Ref.	Vencimentos	Descontos
Adicional noturno (20%)	6 horas		
Salário-base: R$ 1.320,00/mês			

   b) **Demonstrativo de Pagamento**

Descrição	Ref.	Vencimentos	Descontos
Adicional noturno (20%)	12 horas		
Salário-base: R$ 1.500,00/mês			

   c) **Demonstrativo de Pagamento**

Descrição	Ref.	Vencimentos	Descontos
Adicional noturno (20%)	16 horas		
Salário-base: R$ 8,00/hora (base 220h)			

6. Calcule e lance nos demonstrativos o desconto das faltas e dos atrasos.

   a) **Demonstrativo de Pagamento**

Descrição	Ref.	Vencimentos	Descontos
Faltas Atrasos	1 dia 3 horas		
Salário-base: R$ 1.320,00/mês			

b) **Demonstrativo de Pagamento**

Descrição	Ref.	Vencimentos	Descontos
Faltas	2 dias		
Salário-base: R$ 1.500,00/mês			

c) **Demonstrativo de Pagamento**

Descrição	Ref.	Vencimentos	Descontos
Atrasos	9 horas		
Salário-base: R$ 8,00/hora (base 220h)			

7. Se a remuneração do trabalhador ultrapassar o teto máximo de contribuição, como proceder ao desconto?
8. O que significa rendimento líquido para o cálculo do Imposto de Renda Retido na Fonte?
9. Cite os passos para a apuração do Imposto de Renda Retido na Fonte.
10. Qual é a finalidade do Documento de Arrecadação de Receitas Federais (DARF)?
11. Calcule e lance nos demonstrativos o desconto da contribuição sindical dos trabalhadores com os seguintes salários, desde que por eles devidamente autorizados (Art. 545 da CLT):

a) **Demonstrativo de Pagamento**

Descrição	Ref.	Vencimentos	Descontos
Contribuição sindical	1/30		
Salário-base: R$ 1.320,00/mês			

b) **Demonstrativo de Pagamento**

Descrição	Ref.	Vencimentos	Descontos
Contribuição sindical	1/30		
Salário-base: R$ 1.500,00/mês			

c) **Demonstrativo de Pagamento**

Descrição	Ref.	Vencimentos	Descontos
Contribuição sindical	1/30		
Salário-base: R$ 8,00/hora (base 220h)			

12. Comente o procedimento de desconto do vale-transporte.

13. Calcule e lance o desconto do vale-transporte dos trabalhadores indicados na seguinte tabela:

Salário contratual	%	Viagens recebidas	Desconto
1.320,00/mês	6	52,00	_____
1.500,00/mês	6	49,00	_____
8,00/hora (base 220h)	6	180,00	_____

14. De que forma é apurado o valor líquido a receber da Folha de Pagamento?

15. Como é apurado o salário de contribuição (INSS) da Folha de Pagamento?

16. Como é apurada a base de cálculo do Imposto de Renda Retido na Fonte da Folha de Pagamento?

17. Elabore um demonstrativo de pagamento com as informações indicadas a seguir, levando em consideração os apontamentos de adiantamento salarial e vale-transporte dos exercícios anteriores.

a) **Demonstrativo de Pagamento**

Nome da empresa: Endereço:		CNPJ:	Mês: ___ /___
Código 001 Nome do funcionário	Cargo	Local Local	Setor Seção
Descrição	Ref.	Vencimentos	Descontos
Salário mensal	30 dias	_____	
Horas extras (50%)	20 horas	_____	
DSR/horas extras	26/4	_____	
Adicional noturno (20%)	6 horas	_____	
Adto. salarial (desc. 40%)	–		_____
Faltas	1 dia		_____
Atrasos	3 horas		_____
Contribuição sindical (Art. 545 da CLT)	1/30		_____
Vale-transporte	–		_____
INSS			_____
		Total de Vencimentos _____	Total de Descontos _____
		Líquido a receber ▶ ▶	_____

Salário-base	Salário de Contribuição	Base de Cálculo FGTS	FGTS do mês	Base de Cálculo IRRF	%
1.320,00/mês	_____	_____	_____	_____	_____

Folha de Pagamento

b) **Demonstrativo de Pagamento**

Nome da empresa: Endereço:		CNPJ:		Mês: ___ / ___	
Código 002 Nome do funcionário	Cargo	Local	Local	Setor Seção	
Descrição	Ref.	Vencimentos		Descontos	
Salário mensal Horas extras (50%) DSR/horas extras Adicional noturno (20%) Adto. salarial (desc. 40%) Faltas Contribuição sindical (Art. 545 da CLT) Vale-transporte INSS	30 dias 30 horas 26/4 12 horas – 2 dias 1/30 –	_____ _____ _____ _____		_____ _____ _____ _____	
		Total de Vencimentos _____		Total de Descontos _____	
		Líquido a receber ▶ ▶		_____	

Salário-base 1.500,00/mês	Salário de Contribuição _____	Base de Cálculo FGTS _____	FGTS do mês _____	Base de Cálculo IRRF _____	% ____

c) **Demonstrativo de pagamento**

Nome da empresa: Endereço:		CNPJ:		Mês: ___ / ___	
Código 003 Nome do funcionário	Cargo	Local	Local	Setor Seção	
Descrição	Ref.	Vencimentos		Descontos	
Salário mensal Hora DSR Horas extras (50%) DSR/horas extras Adicional noturno (20%) Adto. salarial (desc. 40%) Atrasos Contribuição sindical (Art. 545 da CLT) Vale-transporte INSS	190,67 horas 29,33 horas 18 horas 26/4 16 horas – 9 horas 1/30 –	_____ _____ _____ _____		_____ _____ _____ _____ _____	
		Total de Vencimentos _____		Total de Descontos _____	
		Líquido a receber ▶ ▶		_____	

Salário-base 8,00/hora (base 220h)	Salário de Contribuição _____	Base de Cálculo FGTS _____	FGTS do mês _____	Base de Cálculo IRRF _____	% ____

ESTUDO DE CASO

Um escritório de contabilidade deixou de prestar serviços para uma empresa de telemarketing. A pessoa responsável pela administração da empresa e sua auxiliar estão com esta responsabilidade a partir de agora.

Apesar de saberem apontar as informações do Departamento de Pessoal, elas não conhecem a sequência do processamento da Folha de Pagamento. É preciso organizar as informações.

Descreva a sequência do processamento da Folha de Pagamento.

8
13º SALÁRIO

A Lei nº 4.090/62 instituiu o pagamento do 13º salário, conhecido como gratificação de natal, que é pago ao trabalhador independentemente da sua remuneração mensal.

> Art. 7º da Constituição Federal de 1988 – São direitos dos trabalhadores [...] além de outros [...]
>
> VIII – décimo terceiro salário com base na remuneração integral [...].

Ao trabalhador é garantido a cada período igual ou superior a 15 dias de trabalho consecutivos no mês, um valor referente a 1/12 de 13º salário. Assim, com exceção às ausências justificadas ou abonadas, se o trabalhador não cumprir o mínimo de 15 dias de trabalho no mês, não terá direito a 1/12 do mês em referência.

Esse pagamento é feito em duas parcelas: a primeira até o dia 30 de novembro, correspondendo à metade do salário recebido no mês anterior; a segunda até o dia 20 de dezembro, compensando o valor recebido na primeira parcela (Lei nº 4.749/1965).

A legislação prevê que, na primeira parcela, inclusive no adiantamento, a empresa deve calcular e recolher 8% de FGTS.

No pagamento da segunda parcela do 13º Salário em dezembro, a empresa deve calcular 8% de FGTS integral e descontar o valor de FGTS já recolhido sobre a primeira parcela.

Quanto aos descontos legais de INSS e IRRF, deve-se realizar o desconto sobre o valor integral da remuneração do 13º salário do trabalhador no mês de dezembro.

A remuneração representa os valores do salário-base do trabalhador e as variáveis (média dos adicionais dos meses de janeiro até novembro), que somará ao valor do salário (Decreto nº 57.155/65, Art. 2º).

Quadro 8.1 – Incidências

Descrição	INSS	IRRF	FGTS
13º salário (1ª parcela)	Não	Não	Sim
13º salário (2ª parcela)	Sim	Sim	Sim

8.1 Primeira Parcela

A primeira parcela do 13º salário é o valor correspondente a 50% da remuneração do trabalhador. Considerando que tenha trabalhado desde janeiro do ano, calcula-se a parcela da seguinte forma:

Cálculo do dia 30 de novembro:
remuneração 50% = 1ª parcela

FGTS
1ª parcela × 8% = FGTS do mês

Demonstrativo de pagamento

Salário-base: R$ 1.320,00/mês

Descrição	Ref.	Vencimentos	Descontos		
1ª parcela do 13º salário		660,00			
Salário-base 1.320,00/mês	Sal. de Contribuição	Base de Cálculo FGTS 660,00	FGTS do mês 52,80	Base de Cálculo IRRF	%

- **Cálculo:** 1.320,00 × 50% = **R$ 660,00**
- **FGTS:** 660,00 × 8% = **R$ 52,80**

Considerando que o trabalhador seja admitido durante o ano, o cálculo será proporcional aos meses trabalhados:

Admissão: 15 de março = 10/12
(no mês de março, o trabalhador tem direito a 1/12, referente a 16 dias de trabalho)

Cálculo do dia 30 de novembro: remuneração mensal/12 × 10 × 50% = 1ª parcela

FGTS
1ª parcela × 8% = FGTS do mês

Demonstrativo de Pagamento.

Salário-base: R$ 1.320,00/ mês

Admissão: 15/03/20XX

Descrição		Ref.	Vencimentos	Descontos	
1ª parcela do 13º salário			550,00		
Salário-base 1.320,00/mês	Sal. de Contribuição	Base de Cálculo FGTS 550,00	FGTS do mês 44,00	Base de Cálculo IRRF	%

- **Cálculo:** 1.320,00/12 × 10 meses de direito = 1.100,00 × 50% = **R$ 550,00**
- **FGTS:** 550,00 × 8% = **R$ 44,00**

Quando o trabalhador recebe o adiantamento da primeira parcela do 13º salário antes de 30 de novembro (por exemplo, as férias), o valor correspondente é lançado na Folha de Pagamento no mês do recebimento. Consequentemente, o trabalhador só terá direito de receber a diferença no dia 30 de novembro, caso tenha ocorrido uma atualização salarial entre a data do adiantamento e do efetivo pagamento em novembro.

8.2 Segunda Parcela

A segunda parcela do 13º salário é o valor correspondente aos 50% restantes da remuneração do trabalhador. Considerando que o colaborador tenha trabalhado desde janeiro daquele ano, a parcela é calculada na sua totalidade, ou seja, 12 meses de direito.

Na ocasião do pagamento da segunda parcela, o Departamento de Pessoal deve observar as incidências (INSS, IRRF e FGTS) no demonstrativo de pagamento.

Cálculo do dia 20 de dezembro:
Remuneração total − 1ª parcela do 13º salário − INSS − IRRF = 13º salário

FGTS
Remuneração total × 8% − FGTS da 1ª parcela = FGTS do mês

Demonstrativo de Pagamento

Salário-base: R$ 1.320,00/mês

Não possui dependentes legais

Descrição	Ref.	Vencimentos	Descontos
13º salário	12/12	1.320,00	
1ª parcela do 13º salário			660,00
INSS	8%		105,60

| Salário-base 1.320,00/mês | Sal. de Contribuição 1.320,00 | Base de Cálculo FGTS 660,00 | FGTS do mês 52,80 | Base de Cálculo IRRF 1.214,40 | % − |

* Cálculo do INSS conforme tabela de janeiro de 2020.

Cálculo:

- **13º salário (segunda parcela):** 1.320,00/12 × 12 = **R$ 1.320,00**
- **INSS:** 1.320,00 × 8% (tabela progressiva) = **R$ 105,60**
- **IRRF:** 1.320,00 − 105,60 (INSS) = **R$ 1.214,40** (base de cálculo isenta por não atingir o rendimento mínimo da tabela progressiva do IRRF).
- **FGTS:** 1.320,00 × 8% − 52,80 (já recolhido) = **R$ 52,80**

Considerando que o trabalhador seja admitido durante o ano, o cálculo será proporcional aos meses trabalhados:

Admissão: 15 de março = 10/12
(no mês de março, o trabalhador terá direito a 1/12, referente a 16 dias de trabalho)

Cálculo do dia 20 de dezembro:
Remuneração total − 1ª parcela do 13º salário − INSS − IRRF = 13º salário

FGTS
Remuneração total × 8% − FGTS da 1ª parcela = FGTS do mês

Demonstrativo de Pagamento

Salário-base: R$ 1.320,00/mês

Descrição	Ref.	Vencimentos	Descontos
13º salário	10/12	1.100,00	
1ª parcela do 13º salário			550,00
INSS	8%		88,00

Salário-base 1.320,00/mês	Sal. de Contribuição 1.100,00	Base de Cálculo FGTS 550,00	FGTS do mês 44,00	Base de Cálculo IRRF 1.012,00	% –

* Cálculo do INSS conforme tabela de janeiro de 2020.

Cálculo:

- **13º salário (segunda parcela):** 1.320,00/12 × 10 = **R$ 1.100,00**
- **INSS:** 1.100,00 × 8% (tabela progressiva) = **R$ 88,00**
- **IRRF:** 1.100,00 – 88,00 (INSS) = **R$ 1.012,00** (base de cálculo isenta por não atingir o rendimento mínimo da tabela progressiva do IRRF).
- **FGTS:** 1.100,00 × 8% – 44,00 (já recolhido) = **R$ 44,00**

8.3 Ajuste do Salário Variável

Caso o trabalhador tenha direito a receber um valor variável após o mês de dezembro, a empresa terá até o dia 10 de janeiro para compensar a possível diferença do ano anterior (Decreto nº 57.155/65, Art. 2º, parágrafo único).

O ajuste é obtido pela média entre os meses de janeiro e dezembro do ano anterior.

Caso o trabalhador tenha saldo do salário variável (por exemplo, comissões) que não foi processado na Folha de Pagamento do mês de dezembro, o Departamento de Pessoal deve fazer o ajuste, ou seja, recalcular os vencimentos e providenciar o pagamento da diferença de direito, para regularizar o ano vigente.

Gestão de Pessoas – Rotinas Trabalhistas e Dinâmicas do Departamento de Pessoal

Exercícios

1. Calcule e lance nos Demonstrativos de Pagamento o pagamento da primeira parcela do 13º salário no dia 30 de novembro, a base de cálculo do FGTS e o valor do FGTS do mês, levando em consideração que o trabalhador tenha trabalhado desde janeiro do ano.

   a) **Demonstrativo de Pagamento**

Descrição	Ref.	Vencimentos	Descontos
1ª parcela de 13º salário			
Salário-base: R$ 1.320,00/mês			

   b) **Demonstrativo de Pagamento**

Descrição	Ref.	Vencimentos	Descontos
1ª parcela de 13º salário			
Salário-base: R$ 1.500,00/mês			

   c) **Demonstrativo de Pagamento**

Descrição	Ref.	Vencimentos	Descontos
1ª parcela de 13º salário			
Salário-base: R$ 8,00/hora (base 220h)			

2. Calcule e lance nos Demonstrativos de Pagamento o pagamento da primeira parcela do 13º salário no dia 30 de novembro, a base de cálculo do FGTS e o valor do FGTS do mês, levando em consideração as admissões no decorrer do ano.

   a) **Demonstrativo de Pagamento**
   Admissão: 16 de março

Descrição	Ref.	Vencimentos	Descontos
1ª parcela de 13º salário			
Salário-base: R$ 1.320,00/mês			

b) **Demonstrativo de Pagamento**
   Admissão: 15 de junho

Descrição	Ref.	Vencimentos	Descontos
1ª parcela de 13º sa.ário			
Salário-base: R$ 1.500,00/mês			

c) **Demonstrativo de Pagamento**
   Admissão: 16 de novembro

Descrição	Ref.	Vencimentos	Descontos
1ª parcela de 13º sa.ário			
Salário-base: R$ 8,00/hora (base 220h)			

3. Calcule e lance nos Demonstrativos de Pagamento o pagamento da segunda parcela do 13º salário no dia 20 de dezembro e as demais rubricas, levando em consideração que o trabalhador tenha trabalhado desde janeiro do ano.

   a) **Demonstrativo de Pagamento**

Descrição	Ref.	Vencimentos	Descontos
13º salário			
1ª parcela do 13º sa.ário			
INSS			
IRRF			
Salário-base: R$ 1.320,00/mês			

   b) **Demonstrativo de Pagamento**

Descrição	Ref.	Vencimentos	Descontos
13º salário			
1ª parcela do 13º sa.ário			
INSS			
IRRF			
Salário-base: R$ 1.500,00/mês			

c) **Demonstrativo de Pagamento**

Descrição	Ref.	Vencimentos	Descontos
13º salário 1ª parcela do 13º salário INSS IRRF			
Salário-base: R$ 8,00/hora (base 220h)			

4. Calcule e lance nos Demonstrativos de Pagamento o pagamento da segunda parcela do 13º salário no dia 20 de dezembro e demais rubricas, levando em consideração as admissões no decorrer do ano.

   a) **Demonstrativo de Pagamento**
      Admissão: 16 de março

Descrição	Ref.	Vencimentos	Descontos
13º salário 1ª parcela do 13º salário INSS IRRF			
Salário-base: R$ 1.320,00/mês			

   b) **Demonstrativo de Pagamento**
      Admissão: 15 de junho

Descrição	Ref.	Vencimentos	Descontos
13º salário 1ª parcela do 13º salário INSS IRRF			
Salário-base: R$ 1.500,00/mês			

   c) **Demonstrativo de Pagamento**
      Admissão: 16 de novembro

Descrição	Ref.	Vencimentos	Descontos
13º salário 1ª parcela do 13º salário INSS IRRF			
Salário-base: R$ 8,00/hora (base 220h)			

FÉRIAS

9.1 Legislação

O trabalhador, ao completar 12 meses de trabalho consecutivos, terá direito a um período de descanso de 30 dias a título de férias remuneradas.

> Art. 129 da CLT – Todo empregado terá direito anualmente ao gozo de um período de férias sem prejuízo da remuneração.

Os 12 meses consecutivos de trabalho são conhecidos como "período aquisitivo de férias ou férias vencidas".

Exemplo
- **Admissão:** 12/03/2019.
- **Período aquisitivo de férias:** de 12/03/2019 até 11/03/2020.

9.2 Faltas Injustificadas

As faltas injustificadas no período aquisitivo interferem diretamente no direito as férias, causando a redução do número de dias das férias (Art. 130 da CLT):

Quadro 9.1 – Proporcionalidade das férias

Faltas injustificadas no período aquisitivo	Dias de descanso (gozo) de férias
Até 5 faltas	30 dias corridos
De 6 a 14 faltas	24 dias corridos
De 15 a 23 faltas	18 dias corridos
De 24 a 32 faltas	12 dias corridos

O trabalhador que tiver mais de 32 faltas injustificadas no período aquisitivo não terá direito às férias.

Conforme o Art. 133, inciso IV da CLT, o trabalhador que no período aquisitivo estiver em licença por motivos de saúde (auxílio-doença ou acidente do trabalho) por mais de 180 dias, mesmo que em períodos diferentes, perde o direito às férias. Neste caso, os primeiros 15 dias, de responsabilidade do empregador, não contam para este fim.

Conforme o Art. 133 § 2º da CLT, o novo período aquisitivo será contado a partir da data do efetivo retorno ao trabalho.

9.3 Período de Concessão

Trata-se do prazo que a empresa tem para determinar as férias do colaborador, após cumprir o período aquisitivo. Conforme o Art. 137 da CLT, o empregador que não conceder férias ao trabalhador após o período aquisitivo (Art. 134 da CLT) estará sujeito ao pagamento da remuneração de férias em dobro.

As férias pagas em dobro não têm incidência de INSS e FGTS. O IRRF deve ser calculado junto com o restante das férias.

As férias poderão ser fracionadas em até 3 períodos (Art. 134, § 1º da CLT).

> § 1º – Desde que haja concordância do empregado, as férias poderão ser usufruídas em até três períodos, sendo que um deles não poderá ser inferior a quatorze dias corridos e os demais não poderão ser inferiores a cinco dias corridos, cada um [...]
>
> § 3º – É vedado o início das férias no período de dois dias que antecede feriado ou dia de repouso semanal remunerado.

9.4 Abono Pecuniário

O trabalhador deve solicitar ao empregador, por escrito, no máximo 15 dias antes do final do período aquisitivo. Neste caso, o trabalhador descansa 2/3 das férias e recebe 1/3 em dinheiro (§ 1º).

> Art. 143 da CLT – É facultado ao empregado converter 1/3 (um terço) do período de férias a que tiver direito em abono pecuniário, no valor da remuneração que lhe seria devida nos dias correspondentes.

Exemplo
- **Férias:** 20 dias de descanso
- **Abono pecuniário:** 10 dias em dinheiro

Cálculo
- **Salário-base:** 3.000,00/mês
- **Férias:** salário-mês/30 dias × 20 dias de descanso = 3.000,00/30 = 100,00 × 20 dias = 2.000,00
- **Abono pecuniário:** salário-mês/30 dias × 10 dias de abono pecuniário = 3.000,00/30 dias = 100,00 × 10 dias = 1.000,00

Modelo de Solicitação de Abono Pecuniário

Local e data.

À

_____(nome da empresa)

Abono Pecuniário de Férias

De acordo com a legislação em vigor, venho manifestar meu desejo de converter 1/3 (um terço) do período em trabalho referente ao exercício de 20__, quando entrar em gozo de minhas férias regulamentares, a serem fixadas pela empresa.

Atenciosamente,

_____
Nome do empregado

9.5 1/3 CONSTITUCIONAL

No cálculo da remuneração das férias, além do abono pecuniário, quando houver, acrescenta-se o valor correspondente a um terço sobre as respectivas rubricas.

> Art. 7º da Constituição Federal – São direitos dos trabalhadores [...] além de outros [...]
>
> XVII – gozo de férias anuais remuneradas com, pelo menos, um terço a mais do que o salário normal.

9.6 SOLICITAÇÃO DA PRIMEIRA PARCELA DO 13º SALÁRIO

A primeira parcela do 13º salário pode ser antecipada junto com o pagamento das férias, desde que o trabalhador faça a solicitação até o último dia útil do mês de janeiro (Lei nº 4.749/65, Art. 2º, § 2º).

Modelo

Solicitação da 1ª Parcela do 13º Salário

Local e data.

Ao

_____
(nome do empregador)

Prezados senhores,

Nos termos da legislação vigente, solicito o adiantamento da 1ª parcela do 13º salário por ocasião de minhas férias.

Atenciosamente,

Nome do empregado: _____

Atenciosamente,   Ciente em ___/___/___

_____   _____
              Empregado   Empregador

Solicitação por parte do trabalhador:

Modelo

Local e data.

À

_____

(nome da empresa)

Solicitação de Adiantamento de 13° Salário

De acordo com a legislação em vigor, venho manifestar meu desejo de receber a antecipação do 13° salário referente ao exercício de 20___, quando entrar em gozo de minhas férias regulamentares, a serem fixadas pela empresa.

Atenciosamente,

_____
Nome do empregado

9.7 Aviso de Férias

O empregador deve comunicar ao trabalhador o período de férias com 30 dias de antecedência da data de seu início, em duas vias (Art. 135 da CLT).

O trabalhador deve apresentar a CTPS ao Departamento de Pessoal, que faz as devidas anotações para que se concretize o processo e dê início às férias (Art. 135, § 1º da CLT).

Modelo

Nome da empresa   Data ___/___/____

Aviso de Férias

De acordo com o Art. 135 da Consolidação das Leis do Trabalho (CLT), vimos participar-lhe que as suas férias relativas ao período aquisitivo compreendido de ___/___/____ a ___/___/____ serão gozadas de ___/___/____ a ___/___/____, devendo retornar ao trabalho no primeiro dia útil seguinte.

O pagamento da remuneração das férias de ___ dias estará à sua disposição até 2 dias antes do início, conforme determina o Art. 145 da CLT, mediante a apresentação da carteira profissional para as devidas anotações.

Recebi a 2ª via em ___/___/____

_____   _____
Nome do empregado   Nome da empresa e assinatura

9.8 Recibo de Férias – Pagamento

O empregador faz o pagamento das férias e apresenta um recibo assinado em duas vias, sendo uma do trabalhador, que dará quitação, e a outra do empregador (Art. 145, parágrafo único).

O pagamento das férias é feito dois dias antes do início das férias. Incluem-se o abono pecuniário, quando houver, e um terço constitucional.

9.9 Férias Coletivas

Nas férias coletivas, a conversão do abono pecuniário de um terço das férias deve preceder de acordo coletivo com o sindicato da categoria profissional (Art. 143, § 2º).

Se na época das férias coletivas o trabalhador não tiver completado os 12 meses consecutivos de trabalho, as férias serão proporcionais e será iniciado um novo período aquisitivo.

O empregador deve anotar na CTPS dos trabalhadores as informações referentes às férias coletivas.

> Art. 139 da CLT – Poderão ser concedidas férias coletivas a todos os empregados de uma empresa ou de determinados estabelecimentos ou setores da empresa.
>
> § 1º As férias poderão ser gozadas em dois períodos anuais, desde que nenhum deles seja inferior a 10 (dez) dias corridos.
>
> § 2º Para os fins previstos neste artigo, o empregador comunicará ao órgão local do Ministério do Trabalho, com a antecedência mínima de 15 (quinze) dias, as datas de início e fim das férias, precisando quais os estabelecimentos ou setores abrangidos pela medida.
>
> § 3º Em igual prazo o empregador enviará cópia da aludida comunicação aos sindicatos representativos da respectiva categoria profissional, e providenciará a afixação de aviso nos locais de trabalho.

9.10 Incidências

A remuneração das férias (férias em descanso, 1/3 Constitucional) incide para o INSS, IRRF e FGTS.

No caso de conversão do abono pecuniário, não há incidência para INSS, IRRF e FGTS. A tributação deve ser feita em separado de outras parcelas da remuneração do trabalhador.

De acordo com o Art. 142 da CLT, a remuneração das férias é composta com base:

a) na média do período aquisitivo, quando o salário é pago por hora, tarefa ou mensal;

b) nos últimos 12 meses, quando o salário é pago por porcentagem, comissão ou viagem;

c) os adicionais de horas extras, noturno, insalubridade ou periculosidade serão acrescidos no salário que servirá de base para cálculo da remuneração.

Quadro 9.2 – Modelo de tabela de incidências das férias

Descrição	INSS	IRRF	FGTS
Férias (descanso)	**Sim**	**Sim**	**Sim**
1/3 Constitucional	**Sim**	**Sim**	**Sim**
Abono Pecuniário	Não	Não	Não
1/3 Constitucional	Não	Não	Não

---

modelo

Recibo de Férias

Registro	Nome	Dir./Depto./Setor/Seção C. Custo	CTPS./Série/UF

Cargo: _____ CPF: _____

Aquisição: ___/___/___ a ___/___/___ Gozo: ___/___/___ a ___/___/___ Remuneração: R$_____

Férias _____

Integração de variáveis _____

Abono pecuniário de férias _____

1/3 férias (Constitucional) _____

INSS _____

IRRF _____

LÍQUIDO _____

Recebi de _____ a importância líquida de R$_____ (_____) conforme demonstrativo acima, referente a _____.

Depósito em c. corrente _____ Banco _____ Ag _____

Local e data.

_____
Nome e assinatura do empregado

Outra oportunidade que o Departamento de Pessoal tem para orientar o trabalhador é no momento do pagamento das férias.

Na maioria das vezes, o trabalhador não entende que férias significa "antecipação de salário". Assim, é fundamental saber administrar esse recurso com máxima atenção e atentar-se aos pagamentos no decorrer dos meses seguintes (por exemplo, adiantamento e Folha de Pagamento).

Modelo

Recibo de Férias

Registro 15	Nome José João da Silva	Dir./Depto./Seção C. Custo Matriz/10/05/115	CTPS./Série/UF 12345/SP

Cargo: Auxiliar administrativo   CPF: 123.456.789-000

Aquisição: 02/03/2019 a 01/03/2020   Gozo: 01/04/2020 a 30/04/2020   Remuneração: R$ 1.320,00

Férias (30 dias de descanso)	1.320,00
Integração de variáveis	180,00
Abono pecuniário	
1/3 Constitucional	500,00
INSS (9%)	180,00
LÍQUIDO	1.820,00

Recebi de Empresa Livros DP Ltda. a importância líquida de R$ 1.820,00 (um mil, oitocentos e vinte reais) conforme demonstrado acima, referente a 30 dias de férias.

Depósito em conta-corrente 000   Banco do Povo   Ag. 000

Local e data.

_____
José João da Silva

Exemplo Prático 1

Férias com 30 dias de descanso

Admissão: 12/11/2018
Salário: R$ 2.820,00/mês
Dependentes legais: 2
Faltas injustificadas: 5
Início das férias: 19/03/2020
(30 dias)

Etapas

1. Definição do período aquisitivo de férias.
2. Definição do período das férias.
3. Definição do dia de retorno.
4. Cálculo do recibo de férias.
5. Cálculo da Folha de Pagamento com as férias.
   5.1 Apontamento do mês de referência.

1. Definição do Período Aquisitivo de Férias
   12/11/2018 a 11/11/2019

2. Definição do Período de Férias
   19/03/2020 a 17/04/2020

3. Definição do Dia de Retorno
   20/04/2020 (segunda-feira)

4. Cálculo do Recibo de Férias

Cód.	Descrição	Ref.	Vencimentos	Descontos
	Férias (19/3 a 17/04)	30,00	2.820,00	
	1/3 Constitucional		940,00	
	INSS	11%		413,6
	IRRF			90,28
		Total	3.760,00	503,88
		Líquido a Receber		3.256,12

Salário-base	Sal. Contribuição	Base do FGTS	FGTS do mês	Base do IRRF	%
2.820,00	3.760,00	3.760,00	300,80	2.967,22	15

5. Cálculo da Folha de Pagamento com as Férias

5.1 Apontamento do mês de referência

Admissão: 12/11/2018
Salário: R$ 2.820,00/mês
Jornada de trabalho
Seg./Sex. das 8:00 às 18:00 – intervalo: 1h12
Dependentes legais: 2
Faltas injustificadas: 5

Acordo/convenção coletiva
Horas Extras: Seg./Sex.: 50%
Adicional Noturno: 20%
Não há tolerância para os atrasos

Exemplo Prático 1

Março/2020

Dia	Entrada	Saída	Entrada	Saída	Entrada	Saída
1	Domingo					
2	08:00		18:00	18:00	22:15	
3	07:56		18:00	18:00	22:45	
4	07:53		18:00	18:00	19:10	
5	07:56		18:00	18:00	22:55	
6	07:57		18:00			
7	Sábado			08:00	11:15	
8	Domingo			08:00	11:05	
9	08:00		18:00			
10	07:58		18:00	18:00	20:00	
11	08:00		18:00	18:00	21:55	
12	07:53		18:00	18:00	20:05	
13	Falta		Falta			
14	Sábado					
15	Domingo					
16	07:58		18:00			
17	07:59		18:00	18:00	19:45	
18	07:58		18:00	18:00	22:30	
19	FÉRIAS					

Abril/2020

Dia	Entrada	Saída	Entrada	Saída	Entrada	Saída
1	FÉRIAS					
2	FÉRIAS					
3	FÉRIAS					
4	FÉRIAS					
5	FÉRIAS					
6	FÉRIAS					
7	FÉRIAS					
8	FÉRIAS					
9	FÉRIAS					
10	FÉRIAS					
11	FÉRIAS					
12	FÉRIAS					
13	FÉRIAS					
14	FÉRIAS					
15	FÉRIAS					
16	FÉRIAS					
17	FÉRIAS					
18	Sábado					
19	Domingo					

		Março/2020							Abril/2020			
Dia	Entrada	Saída	Entrada	Saída	Entrada	Saída	Dia	Entrada	Saída	Entrada	Saída	Entrada	Saída
20	FÉRIAS						20	07:58				18:00
21	FÉRIAS						21	07:53				18:00
22	FÉRIAS						22	07:57			18:00	
23	FÉRIAS						23	07:59			18:00	
24	FÉRIAS						24	07:53			18:00	
25	FÉRIAS						25	Sábado				
26	FÉRIAS						26	Domingo				
27	FÉRIAS						27	07:55				18:00
28	FÉRIAS						28	07:58				18:00
29	FÉRIAS						29	07:59				18:00
30	FÉRIAS						30	07:59				18:00
31	FÉRIAS						31					

Demonstrativo de Pagamento ref. Março/2020

Cód.	Descrição	Ref.	Vencimentos	Descontos
	Salário mensal	18,00	1.692,00	
	Horas Extras 50%	13,50h	259,57	
	DSR sobre Horas Extras	15/3	51,91	
	Adicional Noturno 20%	0,50h	1,28	
	Falta(s)	2,00		188,00
	INSS	9%		163,51
	IRRF			
	Férias do mês	13,00	1.222,00	
	1/3 Constitucional		407,33	
	Férias mês seguinte	17,00	2.130,67	
	Férias Pagas			3.256,12
	INSS das Férias			413,60
	IRRF das Férias			90,28
		Total	5.764,76	4.111,51
		Líquido a Receber		1.653,25
Salário-base	Sal. Contribuição	Base do FGTS	FGTS do mês	Base do IRRF	%
	1.816,76	1.816,76	145,34	1.274,07	
2.820,00	Sal. Contrib. Férias	Base FGTS Férias	FGTS mês Férias	Base IRRF Férias	%
	3.760,00	3.760,00	300,80	2.967,22	15

Demonstrativo de Pagamento ref. Março/2020

Cód.	Descrição	Ref.	Vencimentos	Descontos	
	Salário mensal	13,00	1.222,00		
	INSS	8%		97,76	
	Férias do mês	17,00	1.598,00		
	1/3 Constitucional		532,67		
	Férias pagas			2.130,67	
		Total	3.352,67	2.228,43	
		Líquido a Receber		1.124,24	
Salário-base	Sal. Contribuição	Base do FGTS	FGTS do mês	Base do IRRF	%
2.820,00	1.222,00	1.222,00	97,76	745,06	

Exemplo Prático 2

Férias com Abono Pecuniário

20 dias (descanso) + **10 dias** (abono pecuniário)

Admissão: 12/11/2018
Salário: R$ 2.820,00/mês
Dependentes legais: 2
Faltas injustificadas: 5
Início das férias: 19/03/2020
(30 dias)

Etapas

1. Definição do período aquisitivo de férias.
2. Definição do período das férias.
3. Definição do dia de retorno.
4. Cálculo do recibo de férias.
5. Cálculo da Folha de Pagamento com as férias.
    5.1 Apontamento do mês de referência.

Gestão de Pessoas – Rotinas Trabalhistas e Dinâmicas do Departamento de Pessoal

1. Definição do Período Aquisitivo de Férias
   12/11/2018 a 11/11/2019

2. Definição do Período de Férias
   19/03/2020 a 07/04/2020

3. Definição do Dia de Retorno
   08/04/2020 (segunda-feira)

4. Cálculo do Recibo de Férias

Cód.	Descrição	Ref.	Vencimentos	Descontos
	Férias (19/3 a 7/04)	20,00	1.880,00	
	1/3 Constitucional		626,67	
	Abono Pecuniário	10,00	940,00	
	1/3 Constitucional		313,33	
	INSS	9%		225,60
	Total		3.760,00	225,60
	Líquido a Receber			3.534,40
Salário-base	Sal. Contribuição	Base do FGTS	FGTS do mês	Base do IRRF	%
2.820,00	2.506,67	2.506,67	200,53	1.901,89	

5. Cálculo da Folha de Pagamento com as Férias
   5.1 Apontamento do mês de referência

Admissão: 12/11/2018
Salário: R$ 2.820,00/mês
Jornada de trabalho
Seg./Sex. das 8:00 às 18:00 – intervalo: 1h12
Dependentes legais: 2
Faltas injustificadas: 5

Acordo/convenção coletiva
Horas Extras: Seg./Sex.: 50%
Adicional Noturno: 20%
Não há tolerância para os atrasos

Exemplo Prático 2

Março/2020

Dia	Entrada	Saída	Entrada	Saída	Entrada	Saída
1	Domingo					
2	08:00			18:00	18:00	20:15
3	07:56			18:00	18:00	19:45
4	07:53			18:00	18:00	19:10
5	07:56			18:00	18:00	22:00
6	07:57			18:00		
7	Sábado				08:00	10:15
8	Domingo				08:00	11:05
9	08:00			18:00	18:00	22:55
10	07:58			18:00	18:00	21:55
11	08:00			18:00	18:00	20:45
12	07:53			18:00	18:00	20:05
13	Falta		Falta			
14	Sábado					
15	Domingo					
16	07:58			18:00	18:00	20:05
17	07:59			18:00		
18	07:58			18:00		
19	FÉRIAS					
20	FÉRIAS					
21	FÉRIAS					
22	FÉRIAS					
23	FÉRIAS					
24	FÉRIAS					
25	FÉRIAS					
26	FÉRIAS					
27	FÉRIAS					
28	FÉRIAS					
29	FÉRIAS					
30	FÉRIAS					
31	FÉRIAS					

Abril/2020

Dia	Entrada	Saída	Entrada	Saída	Entrada	Saída
1	FÉRIAS					
2	FÉRIAS					
3	FÉRIAS					
4	FÉRIAS					
5	FÉRIAS					
6	FÉRIAS					
7	FÉRIAS					
8	07:59			18:00		
9	07:54			18:00		
10	FERIADO					
11	Sábado					
12	Domingo					
13	08:00			18:00		
14	09:00			18:00		
15	07:58			18:00		
16	07:58			18:00		
17	07:58			18:00		
18	Sábado					
19	Domingo					
20	07:58			18:00		
21	07:53			18:00		
22	07:57			18:00		
23	07:59			18:00		
24	07:53			18:00		
25	Sábado					
26	Domingo					
27	07:55			18:00		
28	07:58			18:00		
29	07:59			18:00		
30	07:59			18:00		
31						

Demonstrativo de Pagamento ref. Março/2020

Cód.	Descrição	Ref.	Vencimentos	Descontos
	Salário mensal	18,00	1.692,00	
	Horas Extras 50%	13,50	259,57	
	DSR sobre Horas Extras	15/3	51,91	
	Adicional Noturno 20%	0,50	1,28	
	Falta(s)	2,00		188,00
	INSS	9%		163,51
	IRRF			
	Férias do mês	13,00	1.222,00	
	1/3 Constitucional		407,33	
	Abono Pecuniário	10,00	940,00	
	1/3 Constitucional		313,33	
	Férias mês seguinte	7,00	877,34	
	Férias pagas			3.534,40
	INSS das Férias			225,60
	Total		5.764,76	4.111,51
	Líquido a Receber			1.653,25

Salário-base	Sal. Contribuição	Base do FGTS	FGTS do mês	Base do IRRF	%
	1.816,76	1.816,76	145,34	1.274,07	
2.820,00	Sal. Contrib. Férias	Base FGTS Férias	FGTS mês Férias	Base IRRF Férias	%
	2.506,67	2.506,67	200,53	1.901,89	

Demonstrativo de Pagamento ref. Abril/2020

Cód.	Descrição	Ref.	Vencimentos	Descontos
	Salário mensal	23,00	2.162,00	
	INSS	9%		194,58
	Férias do mês	7,00	658,00	
	1/3 Constitucional		219,34	
	Férias pagas			877,34
	Total		3.039,34	1.071,92
	Líquido a Receber			3.237,35

Salário-base	Sal. Contribuição	Base do FGTS	FGTS do mês	Base do IRRF	%
2.820,00	2.162,00	2.162,00	172,96	1.588,24	

O Departamento de Pessoal deve explicar ao trabalhador que o valor correspondente às férias precisa ser administrado como o salário mensal (exceto o acréscimo de 1/3 Constitucional), orientando com clareza as consequências quando retornar ao trabalho:

a) quantos dias o trabalhador receberá na próxima Folha de Pagamento;

b) os descontos legais e autorizados que recairão na Folha de Pagamento;

c) se o trabalhador terá direito ao adiantamento salarial (quando for prática da empresa).

Observação	O adiantamento salarial de 40%, por exemplo, representa que o trabalhador precisa ter um saldo mínimo de 12 dias trabalhados (40% de 30 dias = 12 dias). Nesse caso, o Departamento de Pessoal deve avaliar se o período de férias contempla o número necessário de dias que favoreça o adiantamento.

Exercícios

1. Indique o período aquisitivo do trabalhador que for admitido nas seguintes datas:

    a) 16 de março de 2018.

    b) 15 de setembro de 2017.

    c) 09 de fevereiro de 2018.

    d) 06 de outubro de 2017.

2. O trabalhador solicitou a conversão das férias em abono pecuniário. Ele teve 13 faltas injustificadas. Quais serão os números de dias de férias e de abono pecuniário?

3. Qual é o prazo mínimo para que o empregador comunique as férias ao trabalhador?

10 RESCISÃO DE CONTRATO DE TRABALHO

10.1 Legislação

A relação trabalhista pode cessar quando uma das partes deixar de cumprir o estipulado no contrato de trabalho, motivada tanto por iniciativa do empregador quanto pelo trabalhador.

A cessação do contrato é conhecida como rescisão do contrato de trabalho, em que o empregador reconhece os motivos que justificam a necessidade da saída do trabalhador.

A Constituição Federal de 1988 assegura ao trabalhador a relação de emprego protegida contra a rescisão arbitrária, prevê o pagamento de indenização, entre outros reflexos decorrentes.

> Art. 7º da Constituição Federal – São direitos dos trabalhadores [...] além de outros [...]
>
> I – relação de emprego protegida contra despedida arbitrária ou sem justa causa, nos termos de lei complementar, que preverá indenização compensatória, dentre outros direitos;
>
> II – seguro-desemprego, em caso de desemprego involuntário;
>
> III – Fundo de Garantia do Tempo de Serviço.

É assegurado ao empregador utilizar-se de dispositivos disciplinares para evitar que atos abusivos, praticados pelos trabalhadores, prejudiquem a continuidade da relação de emprego.

Os dispositivos disciplinares devem ser utilizados como forma de corrigir o possível conflito existente; devem ser imediatos para que o trabalhador entenda a gravidade do ato, reconheça-o e possa refletir a respeito; e informativos, sem deixar nenhuma dúvida quanto à intenção do empregador de recuperar a relação de emprego e não com foco no castigo.

Existem alguns tipos de dispositivos disciplinares: advertência disciplinar verbal, advertência disciplinar por escrito, suspensão disciplinar do trabalho por tempo determinado e justa causa.

10.2 Advertência Disciplinar Verbal

Consiste em coletar as informações necessárias sobre os fatos, analisar sua gravidade em relação ao planejamento da equipe de trabalho e da própria empresa, e chamar o trabalhador para uma "conversa", na qual se esclareçam pontualmente os motivos da advertência disciplinar verbal e informe-se que em uma reincidência, poderá receber penalidades mais severas (Art. 482 da CLT).

O importante é que o superior hierárquico seja a pessoa a aplicar a advertência, pois facilita o entendimento, já que é o maior interessado na manutenção da relação e do emprego.

10.3 Advertência Disciplinar por Escrito

Na reincidência do ato abusivo ou de maior gravidade de acordo com o entendimento da empresa, deve formalizar por meio de documento uma advertência disciplinar, na qual se descrevem as características do ato, seus reflexos e o fundamento jurídico trabalhista.

O documento, assinado e reconhecido pelo trabalhador, é arquivado no prontuário e servirá como histórico para análise futura.

Caso o trabalhador não queira assinar o documento, o empregador pode identificar testemunhas que o assinarão pelo reconhecimento do ato, em decorrência da negativa por parte do trabalhador.

10.4 Suspensão Disciplinar do Trabalho

Dependendo da gravidade do ato praticado, o empregador pode suspender o funcionário do trabalho por prazo determinado e não pagar esse período (Art. 474 da CLT).

Situações como essa fazem as empresas repensarem sobre a recuperação do trabalhador ou não. Em muitos casos, o trabalhador perde por não reconhecer o esforço da empresa em tentar a correção de certos conflitos existentes.

10.5 Justa Causa

Quando ocorre falta grave ao empregador, é o momento de pensar sobre a rescisão por justa causa. Nesse caso, deve-se ter a certeza absoluta da motivação, avaliar o caso concreto, para confirmar se o empregado cometeu falta grave, e fundamentar na legislação.

Conforme o Art. 482 da CLT, constituem justa causa para a rescisão do contrato de trabalho:

a) **Ato de improbidade:** apropriar-se indevidamente de algo que não lhe pertence; atentar contra o patrimônio da empresa ou de colegas trabalhadores.

b) **Incontinência de conduta ou mau procedimento:** desrespeito às normas da sociedade (sexualidade, pudor, pornografia, obscenidade etc.). É mais abrangente, usado quando não se enquadra nos outros tipos de justa causa.

c) **Negociação habitual por conta própria ou alheia sem permissão do empregador, e quando constituir ato de concorrência à empresa para a qual trabalha o empregado, ou for prejudicial ao serviço:** quando o trabalhador utiliza-se de negociação por sua conta e risco, sem a participação ou consentimento do empregador, de maneira habitual, corriqueira e com interesse financeiro; configuração de concorrência contra a própria empresa em que trabalha e que prejudique o desenvolvimento das atividades laborais.

d) **Condenação criminal do empregado, passada em julgado, caso não tenha havido suspensão da execução da pena:** somente quando houver condenação sem possibilidade de recursos a não suspensão da pena e seu consequente cumprimento permitem sua demissão.

e) **Desídia no desempenho das respectivas funções:** negligência ao trabalho; desinteresse do trabalhador pelo desenvolvimento das suas atividades e da empresa em si; omissão; repetição de atos que onerem a empresa.

f) **Embriaguez habitual ou em serviço:** quando o trabalhador, de maneira frequente, em qualquer lugar, estiver em estado de embriaguez e prejudicar o trabalho e a relação com a imagem da empresa. Mesmo que em uma única vez, o estado de embriaguez é caracterizado como ato grave. As drogas tóxicas ou entorpecentes também são considerados atos de embriaguez, pois tiram a capacidade laboral do trabalhador.

g) **Violação de segredo da empresa:** quando o trabalhador tiver sobre sua responsabilidade segredos que possam colocar em xeque o desempenho e a competitividade da empresa frente ao mercado e revelá-los para terceiros.

h) **Ato de indisciplina ou de insubordinação:** desrespeito às regras impostas pela empresa e o descumprimento de normas e procedimentos, como não ouvir determinações do ascendente profissional e colocar em risco o relacionamento interno na empresa.

i) **Abandono de emprego:** a jurisprudência fixa em 30 dias de ausência injustificada e consecutiva o prazo para a empresa providenciar a rescisão do contrato de trabalho. Como fator preventivo, o empregador deve comunicar o abandono ao trabalhador por meio de telegrama ou carta registrada e anunciar nos jornais de grande circulação o ato de abandono de emprego, o que caracteriza fatos para a continuidade do desligamento do trabalhador.

j) **Ato lesivo da honra ou da boa fama praticado no serviço contra qualquer pessoa, ou ofensas físicas, nas mesmas condições, salvo em caso de legítima defesa, própria ou de outrem:** ofensas, agressões, calúnia, injúrias nas dependências da empresa e praticadas pelo trabalhador contra o empregador, colegas de trabalho, clientes e outros.

k) **Ato lesivo da honra ou da boa fama ou ofensas físicas praticadas contra empregador e superiores hierárquicos, salvo em caso de legítima defesa, própria ou de outrem:** ofensas, agressões, calúnia, injúrias ocasionadas tanto dentro quanto fora da empresa, e praticadas pelo trabalhador contra o empregador ou ascendentes hierárquicos.

l) **Prática constante de jogos de azar:** qualquer jogo praticado no qual se utilize dinheiro.

m) **Perda da habilitação ou dos requisitos estabelecidos em lei para o exercício da profissão**, em decorrência de conduta dolosa do empregado.

Da mesma forma, a legislação prevê os atos abusivos ao empregado. Nesse caso, basta que o trabalhador ajuíze uma ação trabalhista por rescisão indireta do contrato de trabalho e o pagamento dos reflexos trabalhistas com base no desligamento sem justa causa, podendo, assim, afastar-se das suas funções.

Conforme o Art. 483 da CLT, o trabalhador pode considerar rescindido o contrato e pleitear a devida indenização quando:

a) **Forem exigidos serviços superiores às suas forças, defesos por lei, contrários aos bons costumes, ou alheios ao contrato:** se o empregador exigir que o trabalhador exerça atividades de superior responsabilidade, não previstas pela legislação nem pelo contrato de trabalho.

b) **For tratado pelo empregador ou por seus superiores hierárquicos com rigor excessivo:** quando o trabalhador, normalmente, é punido de uma maneira muito superior à gravidade do fato.

c) **Correr perigo manifesto de mal considerável:** trabalhador exposto a perigo real, não considerado pelo empregador por meio de programas de segurança do trabalho.

d) **Empregador não cumprir as obrigações do contrato:** por motivo ou outro, o empregador negligenciar o Contrato Individual de Trabalho e adotar a unilateralidade.

e) **Praticar o empregador ou seus prepostos, contra ele ou pessoas de sua família, ato lesivo da honra e boa fama:** ofensas morais contra o trabalhador ou familiar.

f) **O empregador ou seus prepostos ofenderem-no fisicamente, salvo em caso de legítima defesa, própria ou de outrem:** ofensas ou agressões que atentem contra a integridade física do trabalhador.

g) **O empregador reduzir seu trabalho, sendo este por peça ou tarefa, de forma a afetar sensivelmente a importância dos salários:** redução sensível da jornada de trabalho, causando prejuízo salarial para o trabalhador.

Caberá ao juiz reconhecer a ação e condenar a empresa a pagar as verbas rescisórias. Além disso, o trabalhador tem direito a uma dispensa sem justa causa ou reintegração imediata, invocando o princípio da continuidade do contrato de trabalho. Caso contrário, ele poderá decidir pelo fim da relação contratual (por exemplo, pedido de demissão).

10.6 Tipos de Rescisão de Contrato e Seus Direitos

Veja os tipos mais comuns de rescisão e os respectivos direitos de cada parte, quando houver formalização do término do contrato de trabalho:

a) **Sem justa causa:** por iniciativa do empregador (dispensa) e do trabalhador (pedido de demissão).

b) **Justa causa:** por iniciativa do empregador e por iniciativa do trabalhador (rescisão indireta).

c) **Antecipada do contrato de experiência:** por iniciativa do empregador ou do trabalhador.

d) **Término do contrato de experiência:** por iniciativa do empregador ou do trabalhador.

e) **Por prazo determinado:** contrato interrompido no seu prazo previsto de término.

f) **Morte**.

g) **Aposentadoria.**

h) **Extinção da empresa.**

i) **Por comum acordo:** o contrato poderá ser extinto por acordo (Art. 484-A da CLT).

10.7 Direitos Trabalhistas

São direitos adquiridos, decorrentes do tempo de atividade do trabalhador sob regime CLT.

10.7.1 Indenização

Art. 479 da CLT – Caso o contrato rescindido, por iniciativa do empregador, antes do término previsto (experiência), obrigará a empresa pagar metade dos dias que restam até o término, a título de indenização.

Quadro 10.1 – Incidências

INSS	FGTS	IRRF
NÃO	NÃO	NÃO

Art. 480 da CLT – Quando o empregado decide rescindir o contrato antes do término previsto, este poderá ser obrigado a indenizar o empregador dos prejuízos deste ato.

Quadro 10.2 – Incidências

INSS	FGTS	IRRF
NÃO	NÃO	NÃO

10.8 Aviso Prévio

A Lei nº 12.506, de 11 de outubro de 2011, dispõe sobre o aviso prévio e dá outras providências.

Art. 1º – O aviso prévio, de que trata o Capítulo VI do Título IV da Consolidação das Leis do Trabalho – CLT, aprovada pelo Decreto-Lei 5.452, de 1º de maio de 1943, será concedido na proporção de 30 (trinta) dias aos empregados que contêm até 1 (um) ano de serviço na mesma empresa.

Parágrafo único. Ao aviso prévio previsto neste artigo serão acrescidos 3 (três) dias por ano de serviço prestado na mesma empresa, até o máximo de 60 (sessenta) dias, perfazendo um total de até 90 (noventa) dias.

A lei altera o regime do aviso prévio fixo de 30 dias, previsto no Art. 487, inciso II, da CLT, estipulando uma forma variável de proporcionalidade no tempo de serviço.

Quando o trabalhador com até um ano de emprego for dispensado sem justa causa, permanece o direito a 30 dias de aviso prévio ou indenização correspondente.

Quadro 10.3 – Incidências

INSS	FGTS	IRRF
NÃO	NÃO	NÃO

10.8.1 Indenizado

Quando o empregador decidir que o trabalhador não deve cumprir o período legal de aviso prévio trabalhando, ele indenizará[1] com o valor correspondente ao período.

Exemplo

Salário-base/30 dias – números de dias de aviso prévio (Lei nº 12.506/2011) + média dos adicionais que integram o salário, recebidos nos últimos 12 meses = valor a pagar.

Cálculo (30 dias de aviso prévio)

- **Horista:** salário-hora multiplicado por 220 horas (equivalente a 30 dias) + média dos adicionais = valor a pagar.
  R$ 10,00 – 220 + R$ 300,00 = **R$ 2.500,00**

- **Mensalista:** salário-mês + média dos adicionais = valor a pagar. R$ 1.200,00 + R$ 300,00 = **R$ 1.500,00**

---

1   O aviso prévio indenizado conta como tempo de serviço para cálculo de 13º salário e férias.

Na extinção do contrato por comum acordo, o empregado receberá metade do Aviso Prévio (Art. 484-A da CLT).

Quadro 10.4 – Incidências

INSS	FGTS	IRRF
SIM	SIM	NÃO

10.8.2 Trabalhado

Quando o trabalhador cumpre o período trabalhando. Se for por iniciativa do empregador, o trabalhador tem direito a reduzir o tempo do aviso prévio.

Exemplo

Sete dias corridos, ou duas horas diárias durante o período, sem prejuízo de verbas rescisórias.

Quadro 10.5 – Incidências

INSS	FGTS	IRRF
SIM	SIM	SIM

10.8.3 Extensão do Aviso Prévio (Tempo de Serviço)

A extensão refletirá nas verbas rescisórias (13º salário e férias).

Quadro 10.6 – Incidências

INSS	FGTS	IRRF
SIM	SIM	NÃO

10.8.4 Comum Acordo

O Art. 484-A da CLT, após a Reforma Trabalhista (Lei nº 13.647/17), introduziu no ordenamento jurídico social e trabalhista a possibilidade de extinção do contrato de trabalho por acordo entre empregador e empregado. O aviso prévio, se indenizado, será pago pela metade.

Quadro 10.7 – Incidências

INSS	FGTS	IRRF
SIM	SIM	NÃO

10.8.5 Outros Tipos de Aviso Prévio (Previstos em Acordo Coletivo)

É possível encontrar no acordo coletivo ou na convenção coletiva outras possibilidades que favoreçam os trabalhadores. Portanto, nos parâmetros da Folha de Pagamento, deve constar essas características. Cabe ao Departamento de Pessoal atualizar sempre que necessário.

10.9 SALDO DE SALÁRIO

No mês em que ccorrer o desligamento de um empregado, é assegurado a ele o recebimento do saldo dos dias trabalhados e respectivos adicionais, quando houver.

Exemplo

Desligamento no dia 18 de determinado mês.

Saldo de salário: 18 dias trabalhados.

No caso do trabalhador horista, a demonstração e o cálculo das horas trabalhadas devem ser realizados separadamente (horas trabalhadas e DSR).

Quadro 10.8 – Incidências

INSS	FGTS	IRRF
SIM	SIM	SIM

10.10 SALÁRIO-FAMÍLIA

Corresponde aos dias trabalhados no mês da rescisão, proporcional ao valor da cota mensal e multiplicado pelo número de cotas às quais o trabalhador tem direito.

Quadro 10.9 – Incidências

INSS	FGTS	IRRF
NÃO	NÃO	NÃO

10.11 13º SALÁRIO PROPORCIONAL E INDENIZADO

Corresponde à proporcionalidade da remuneração do trabalhador, no período compreendido entre os dias trabalhados no mês de janeiro até o último dia de aviso prévio.

| Observação | O trabalhador somente tem direito a 1/12 no mês se tiver cumprido um número igual ou superior a 15 dias consecutivos de trabalho. |

Exemplo

Admissão: 04 de janeiro
Desligamento: 17 de março
Salário-base: R$ 1.200,00/mês
Último dia de aviso prévio: 16 de abril (30 dias)
Cálculo: 1/12 de janeiro; 1/12 de fevereiro; 1/12 de março = 3/12 de 13º salário proporcional; 1/12 de abril = 1/12 de 13º salário indenizado.

Rescisão

1. Salário-base/12 meses × 3 = valor do 13º salário proporcional a pagar = R$ 1.200,00/12 × 3 = **R$ 300,00**.
2. Salário-base/12 meses × 1 = valor do 13º salário indenizado a pagar = R$ 1.200,00/12 × 1= **R$ 100,00**.

| Observação | Para o cálculo do 13º salário levam-se em consideração as variáveis que integram o salário. |

Quadro 10.10 – Incidências

INSS	FGTS	IRRF
SIM	SIM	SIM

10.12 Férias Vencidas

Direito adquirido do trabalhador, que corresponde aos 12 meses de trabalho consecutivos, sem que tenha quitado até o último dia de aviso prévio.

O trabalhador faz jus ao valor correspondente à sua última remuneração (salário + média de horas extras e outros adicionais que integram o salário durante o ano até a rescisão) a título de férias vencidas.

Exemplo

Admissão: 02 de janeiro de 2018
Desligamento: 17 de março de 2019
Último dia de Aviso Prévio: 16 de abril de 2019
Período aquisitivo vencido: 02/01/2018 até 01/01/2019

Quadro 10.11 – Incidências

INSS	FGTS	IRRF
NÃO	NÃO	NÃO

10.13 Férias Proporcionais

As férias proporcionais correspondem à proporcionalidade de férias até o último dia de aviso prévio.

Exemplo

Admissão: 02 de janeiro de 2018
Desligamento: 17 de março de 2019
Salário-base: R$ 1.200,00
Último dia de Aviso Prévio: 16 de abril de 2019
Período aquisitivo vencido: 02/01/2018 até 01/01/2019
Período aquisitivo proporcional: 02/01/2019 até 16/04/2019
Cálculo: 1/12 de janeiro; 1/12 de fevereiro; 1/12 de março = 3/12 de férias proporcionais. 1/12 de abril = 1/12 de férias indenizadas.

Rescisão

1. Salário-base/12 meses × 3 = valor das férias proporcionais a pagar = R$ 1.200,00/ 12 × 3 = **R$ 300,00**
2. Salário-base/12 meses × 1 = valor das férias indenizadas a pagar = R$ 1.200,00/ 12 × 1 = **R$ 100,00**

Quadro 10.12 – Incidências

INSS	FGTS	IRRF
NÃO	NÃO	NÃO

10.14 1/3 CONSTITUCIONAL

Para fins de cálculo da remuneração das férias na rescisão do contrato de trabalho, será acrescido do valor de 1/3 do valor a ser pago pelas férias.

Quadro 10.13 – Incidências

INSS	FGTS	IRRF
NÃO	NÃO	NÃO

10.15 DIREITOS TRABALHISTAS

A seguir será apresentado um breve resumo dos direitos trabalhistas.

Quadro 10.14 – Contrato de experiência

Antecipação do contrato (máximo 90 dias)	Término do contrato de experiência
Indenização Art. 479 da CLT (50%) Saldo de Salário 13º Salário Proporcional (com adicionais) Férias Proporcionais (com adicionais) 1/3 Constitucional	Saldo de Salário 13º Salário Proporcional (com adicionais) Férias Proporcionais (com adicionais) 1/3 Constitucional
FGTS da rescisão **(depósito)** **Saque do FGTS [ok]**	FGTS da rescisão **(depósito)** **Saque do FGTS [ok]**

Quadro 10.15 – Dispensa sem justa causa

Menos de 1 ano	Mais de 1 ano
Aviso Prévio Indenizado ou Trabalhado Saldo de Salário 13º Salário Proporcional (com adicionais) 13º Salário Indenizado (aviso prévio) Férias Proporcionais (com adicionais) 1/3 Constitucional Multa Rescisória 40%	Aviso Prévio Indenizado ou Trabalhado Saldo de Salário 13º Salário Proporcional (com adicionais) 13º Salário Indenizado (aviso prévio) Férias Vencidas (com adicionais) Férias Proporcionais (com adicionais) 1/3 Constitucional Multa Rescisória 40%
FGTS da rescisão **(depósito)** **Saque do FGTS [ok]**	FGTS da rescisão **(depósito)** **Saque do FGTS [ok]**

Rescisão de Contrato de Trabalho

Quadro 10.16 – Pedido de demissão

Menos de 1 ano	Mais de 1 ano
Saldo de Salário 13º Salário Proporcional (com adicionais) Férias Proporcionais (com adicionais) 1/3 Constitucional FGTS da rescisão **(depósito)** **Saque do FGTS [ok]**	Saldo de Salário 13º Salário Proporcional (com adicionais) Férias Vencidas (com adicionais) Férias Proporcionais (com adicionais) 1/3 Constitucional FGTS da rescisão **(depósito)** **Saque do FGTS [ok]**

Quadro 10.17 – Comum acordo

Menos de 1 ano	Mais de 1 ano
Aviso Prévio **(50%)** Saldo de Salário 13º Salário Proporcional (com adicionais) 13º Salário Indenizado (aviso prévio) Férias Proporcionais (com adicionais) 1/3 Constitucional Multa Rescisória **(20%)** FGTS da rescisão **(depósito)** **Saque do FGTS [80%]**	Aviso Prévio **(50%)** Saldo de Salário 13º Salário Proporcional (com adicionais) 13º Salário Indenizado (aviso prévio) Férias Vencidas (com adicionais) Férias Proporcionais (com adicionais) 1/3 Constitucional Multa Rescisória **(20%)** FGTS da rescisão **(depósito)** **Saque do FGTS [80%]**

Quadro 10.18 – Dispensa por justa causa

Saldo de Salário
Férias Vencidas
1/3 Constitucional

FGTS da rescisão **(depósito)**
Saque do FGTS [não]

Quadro 10.19 – Rescisão indireta

As verbas rescisórias devidas são as mesmas da dispensa "SEM JUSTA CAUSA".

Quadro 10.20 – Aposentadoria e morte

Saldo de Salário
13º Salário Proporcional (com adicionais)
Férias Vencidas
1/3 Constitucional

FGTS da rescisão **(depósito)**
Saque do FGTS [sim]

10.16 Comunicação de Movimentação do Trabalhador

O empregador, depois de efetuar os cálculos e os respectivos recolhimentos dos valores rescisórios, deve solicitar à Caixa Econômica Federal, por meio da Conectividade Social, a "chave de identificação do trabalhador". Essa chave consiste em um número de acesso que o empregador entrega para o trabalhador no ato da homologação da rescisão do contrato de trabalho.

10.17 Homologação e Prazo para Pagamento da Rescisão

O empregador deve anotar a dispensa do trabalhador na Carteira de Trabalho, comunicar aos órgãos competentes e realizar o pagamento da rescisão no prazo de 10 dias, contados a partir do término do contrato.

A anotação da dispensa na Carteira de Trabalho já habilita o trabalhador a requerer o seguro-desemprego e movimentar o FGTS, de acordo com as possibilidades legais, caracterizando a homologação da dispensa.

Exemplo

TERMO DE RESCISÃO DO CONTRATO DE TRABALHO			
01 CNPJ /CEI 99.999.999/0001-99	02 Razão social / Nome EMPRESA EXEMPLO DP LTDA.		
03 Endereço completo RUA DOS LIVROS, 1234	04 Bairro CENTRO		
05 Município SÃO PAULO	06 UF SP	07 CEP 99999-999	08 CNAE 99999	09 CNPJ Obra
10 PIS / PASEP 99999999999	11 Nome ELIVAN DOS ANDES		
12 Endereço completo RUA DA CORDILHEIRA, 9999	13 Bairro JD. DO CENTRO		
14 Município SÃO PAULO	15 UF SP	16 CEP 99999-999	17 CTPS / Série 999999 /190
18 CPF 99999999-99	19 Data de nascimento 14.02.1969	20 Nome da mãe MARILINDA CAMILA	

21 Remuneração 1.320,00/mês	22 Admissão 01.02.2016	23 Aviso Prévio 10/05/2017	24 Afastamento 10/05/2017
25 Causa do afastamento DISPENSA SEM JUSTA CAUSA	26 Cód. Afastamento 01	27 Pensão alim. (%)	28 Cat. Trabalhista 01

DISCRIMINAÇÃO DAS VERBAS RESCISÓRIAS

Vencimentos	Ref.	Valor	Descontos	Ref.	Valor
1 – Saldo de salário	10 dias	440,00	7 – INSS	9%	158,40
2 – Aviso prévio indenizado	30 dias	1.320,00	8 – INSS sobre 13º salário	8%	35,20
3 – Férias proporcionais	4/12	440,00	9 – Assistência médica		30,00
4 – 1/3 sobre férias (CF)	-	146,67	10 – Cesta básica		11,00
5 – 13º salário	3/12	330,00			
6 – 13º salário indenizado	1/12	110,00			
TOTAL BRUTO		**2.786,67**	**TOTAL DE DESCONTOS**		**234,60**
			TOTAL LÍQUIDO ►►►►		**2.552,07**

56 Local e data do recebimento

57 Carimbo e assinatura do empregador/preposto

58 Assinatura do trabalhador

59 Assinatura do responsável do trabalhador

60 HOMOLOGAÇÃO

Foi prestada, gratuitamente, assistência ao trabalhador, nos termos do Art. 477, parágrafo 1º, da Consolidação das Leis do Trabalho (CLT), sendo comprovado, neste ato, o efetivo pagamento das verbas rescisórias acima especificadas.

61 Digital do trabalhador

62 Digital do responsável

_____

Local e data

_____

Carimbo e assinatura do assistente

63 Identificação do órgão homologador

64 Recepção pelo banco (data e carimbo)

Modelo físico da Carteira de Trabalho

Registro em Carteira de Trabalho e Previdência Social

```
                                                        15
                    CONTRATO DE TRABALHO

        Empregador ......Empresa Exemplo DP Ltda.................

        CNPJ/MF ......99.999.999/0001-99.............................
        Rua ..............dos Livros................ Nº ..1234...........
        Município ......São Paulo................ Est. ..SP............
        Esp. do estabelecimento ......Industrial......................
        Cargo ............Auxiliar Administrativo........................
        .............................................. CBO nº ..99.999...
        Data admissão ..01.. de ......Maio........ de ..2019....
        Registro nº ....135........... Fls./Ficha ....074............
        Remuneração especificada ..R$ 1.320,00 por mês......

                 Ass. do empregador ou a rogo c/test.
        1º .................................... 2º ...........................
        Data saída ....10... de ......Maio.......... de ..2019....

                 Ass. do empregador ou a rogo c/test.
        1º .................................... 2º ...........................
        Com. Dispensa CD Nº ......999999999.................
```

Para o trabalhador menor de 18 anos, é imprescindível o comparecimento do responsável legal no ato da homologação, o qual se responsabilizará pela quitação.

Quanto à rescisão por motivo de falecimento do trabalhador, as verbas rescisórias devem ser quitadas por representante legalmente reconhecido.

Na rescisão por iniciativa do trabalhador, a formalização é feita por meio de documento escrito, havendo obrigatoriamente os motivos da sua decisão.

Os documentos devem ser elaborados e assinados em duas vias.

Modelo

Registro em Ficha/Livro

NÚMERO DE ORDEM: 074

REGISTRO DE EMPREGADO

(NOME DA FIRMA) Empresa Exemplo DP Ltda.

Nome do Empregado Antonio José Jr.
Endereço Rua das Verbas, nº 9999 — *Fone* 9999-9999
CTC 999.999.999-99 *Idade* 29 anos - *Nascimento* 01/01/1967
Local São Paulo *Estado Civil* Solteiro *Nacionalidade* Brasileiro
Grau de Instrução 2ª Grau Completo

Cor ___ *Cabelo* ___
Barba ___ *Bigode* ___
Olhos ___
Altura ___
Peso ___

Foto 3x4

Filiado ao Sindicato ___

FILIAÇÃO
Nome do Pai Antonio José
Nacionalidade Brasileiro *Nome da Mãe* Maria José
Nacionalidade Brasileira *Beneficiários* Os pais

Data da Admissão 01/05/2019 - *Função de* Aux. Administrativo
Admitido na Função de Aux. Administrativo *Código CBO* XX.XXX
Salário R$ 1.320,00 *Forma de Pagamento* Mensal *Horário de Trabalho*
Das 08 *às* 17 horas – com intervalo de 1 horas para refeição - descanso.

DOCUMENTOS
Carteira Profissional N. 9999 *Série* 999 *Carteira de Menor N.* ___ *Série* ___ *Carteira Trabalhador Rural N.* ___ *Categoria* XX
Órgão Emissor SSP/SP *Previdência Social* *Certificado Reservista N.* XXXXXXXXX *Profissional* [X] *Amador* [ ]
Título de Eleitor N. 9999999999 *Zona* XX *Carteira Habilitação N.* XXXXXXX

QUANDO ESTRANGEIRO *Cart. Modelo 19 N.* ___ *Registro Geral N.* ___ *Data da chegada ao Brasil* ___ *Casado com brasileira?* ___ *Naturalizado?* ___ *Nome do cônjuge* ___ *Decreto N.* ___
Tem filhos brasileiros? ___ *Quantos?* ___

FGTS *Opção em* 01/02/2016 | **PIS-PASEP** *Cadastrado em* 01/07/1987 | **RESCISÃO** *Data da Saída* 10/05/2019
Data da Retratação ___/___/___ *Sob N.* 9999999 *Banco* do mundo *N. da Homologação* ___ *Órgão onde foi feita a Homologação* ___
Conta vinculada ao Banco Caixa Econômica *Código Agência* XXX
Federal *Endereço Banco* Rua ...

OBSERVAÇÕES

ASSINATURA NA OCASIÃO DA ADMISSÃO | ASSINATURA EMPREGADO
Recebi os seguintes documentos que me pertencem
___ | *Data* ___/___/___
___ | ASSINATURA EMPREGADO

Polegar Direito

10.18 Modelos de Comunicação de Desligamento

Apresentamos a seguir alguns modelos de comunicação de desligamento utilizado nas empresas.

10.18.1 Rescisão Sem Justa Causa Com Aviso Prévio Indenizado

Local e data,

Sr(a). _____

Comunicamos que, por motivos (mencionar o motivo), o(a) sr(a) está sendo dispensado(a) de suas atividades nesta data, sendo que o aviso prévio será indenizado conforme o Art. 487, § 1º da CLT.

Assim, solicitamos seu comparecimento ao Departamento de Pessoal para tratar da regularização da sua situação e de seus direitos trabalhistas.

Informamos que a homologação da rescisão do contrato de trabalho será: _____
_____

Atenciosamente,   Ciente ___/___/___

_____   _____
Empresa   Trabalhador ou responsável no caso de menor

10.18.2 Rescisão Sem Justa Causa Com Aviso Prévio Trabalhado

Local e data,

Sr(a). _____

Comunicamos que, por motivos (mencionar o motivo), o(a) sr(a) está sendo dispensado(a) de suas atividades nesta data, sendo que o aviso prévio será trabalhado no período:

____ / ____ / ____ ate ____ / ____ / ____

Este período pode ser reduzido conforme a sua opção:

(   ) 2 horas diárias (início ou final da jornada); ou

(   ) 7 dias corridos (no final do período de aviso).

Assim, no término do aviso prévio, solicitamos seu comparecimento ao Departamento de Pessoal para tratar da regularização da sua situação e de seus direitos trabalhistas.

Informamos que a homologação da rescisão do contrato de trabalho será: _____
_____

Atenciosamente,   Ciente ___/___/___

_____   _____
Empresa   Trabalhador ou responsável no caso de menor

10.18.3 Término do Contrato de Experiência

Local e data,

Sr(a). _____

    Comunicamos que nesta data, encerra-se seu contrato de experiência, o qual não será renovado.

    Assim, solicitamos seu comparecimento ao Departamento de Pessoal para tratar da regularização da sua situação e de seus direitos trabalhistas.

    Informamos que o acerto das verbas rescisórias será feito no dia: ___/___/___ às ____ horas, no próprio Departamento de Pessoal da empresa.

Atenciosamente,   Ciente ___/___/___

_____   _____
Empresa   Trabalhador ou responsável no caso de menor

10.18.4 Término do Contrato por Prazo Determinado

Local e data,

Sr(a). _____

Comunicamos que, nesta data, encerra-se o seu contrato de trabalho por prazo determinado:

Início: ___/___/___

Término: ___/___/___

Assim, solicitamos seu comparecimento ao Departamento de Pessoal para tratar da regularização da sua situação e de seus direitos trabalhistas.

Informamos que a homologação da rescisão do contrato de trabalho será: _____
_____

Atenciosamente,   Ciente ___/___/___

_____   _____
Empresa   Trabalhador ou responsável no caso de menor

10.18.5 Rescisão por Justa Causa

Local e data,

Sr(a). _____

Comunicamos que, nesta data, seu contrato de trabalho está sendo rescindido por justa causa conforme o Art. 482 da CLT, alínea ____, pelo(s) motivo(s):

_____

_____

(detalhar o(s) motivo(s) para esclarecimento do trabalhador)

Assim, solicitamos seu comparecimento ao Departamento de Pessoal para tratar da regularização da sua situação e de seus direitos trabalhistas.

Informamos que a homologação da rescisão do contrato de trabalho será: _____
_____

Atenciosamente,   Ciente ___/___/___

_____   _____
Empresa   Trabalhador ou responsável no caso de menor

10.18.6 Pedido de Demissão (Cumprindo Aviso Prévio)

Neste caso, é o trabalhador quem deve redigir o documento.

Local e data,

À (nome da empresa)

Aos cuidados do(a) Sr(a). _____

Comunico que, nesta data, estou solicitando meu desligamento desta empresa pelo(s) motivo(s):

_____

_____

(detalhar o(s) motivo(s) para esclarecimento do empregador)

Informo que cumprirei o aviso prévio trabalhando.

Atenciosamente,   Ciente ___/___/___

_____   _____
Empresa   Trabalhador ou responsável no caso de menor

10.19 Seguro-desemprego

O Departamento de Pessoal entrega a Comunicação de Dispensa (CD) para o trabalhador na data da homologação, junto com os demais documentos. Em seguida, o ex-funcionário deve dar entrada no pedido de seguro-desemprego.

> Art. 7º da Constituição Federal de 1988 "São direitos dos trabalhadores [...] além de outros [...]
>
> II – seguro-desemprego, em caso de desemprego involuntário [...]"
>
> Lei nº 7.998/1990 – Art. 3º
>
> **Tem direito ao seguro desemprego o trabalhador que:**
>
> - Tiver sido dispensado sem justa causa.
> - Estiver desempregado, quando do requerimento do benefício.
> - Ter recebido salários de pessoa jurídica ou pessoa física equiparada à jurídica (inscrita no CEI) relativos a:
>   - pelo menos **12 (doze) meses nos últimos 18 (dezoito) meses** imediatamente anteriores à data de dispensa, quando da primeira solicitação;
>   - pelo menos **9 (nove) meses nos últimos 12 (doze) meses** imediatamente anteriores à data de dispensa, quando da segunda solicitação; e
>   - cada um dos **6 (seis) meses imediatamente anteriores à data de dispensa**, quando das demais solicitações.
> - Não possuir renda própria para o seu sustento e de sua família.
> - Não estiver recebendo benefício de prestação continuada da Previdência Social, exceto pensão por morte ou auxílio-acidente.

Exemplos Práticos

EXEMPLO 1

Admissão: 06/08/2018
Salário: R$ 3.960,00/mês
Dependentes legais: 2
Desligamento: 30/07/2019 – **DISPENSA SEM JUSTA CAUSA**
Aviso Prévio: INDENIZADO
Obs.: não há adicionais, faltas ou atrasos para registro na rescisão.

▶▶

1. **INDENIZAÇÃO**

   Não há previsão legal (Art. 479 e Art. 480 da CLT)

2. **AVISO PRÉVIO**

   Tempo de Serviço: 11 meses e 25 dias
   Aviso Prévio: 30 dias
   Cálculo: salário-base / 30 × dias de aviso prévio
   3.960,00 / 30 × 30 = **3.960,00**

Cód.	Descrição	Ref.	Vencimentos	Descontos
1	Aviso Prévio Indenizado	30	3.960,00	

3. **SALDO DE SALÁRIO**

   Desligamento: 30/07/2019
   Saldo de Salário: 30 dias
   Cálculo: salário-base / 30 × dias de salário
   3.960,00 / 30 × 30 = **3.960,00**

Cód.	Descrição	Ref.	Vencimentos	Descontos
1	Aviso Prévio Indenizado	30	3.960,00	
2	Saldo de Salário	30	3.960,00	

4. **13º SALÁRIO PROPORCIONAL**

   Admissão: 06/08/2018
   Desligamento: 30/07/2019
   13º Salário Proporcional: 7/12
   Cálculo: salário-base / 12 × 7 meses
   3.960,00 / 12 × 7 = **2.310,00**

5. **13º SALÁRIO INDENIZADO**

   Extensão do Aviso Prévio (30 dias): até 29/08/2019 **(1/12)**
   Cálculo: salário-base / 12 × 1 mês
   3.960,00 / 12 × 1 = **330,00**

Cód.	Descrição	Ref.	Vencimentos	Descontos
1	Aviso Prévio Indenizado	30	3.960,00	
2	Saldo de Salário	30	3.960,00	
3	13º Salário Proporcional	7/12	2.310,00	
4	13º Salário Indenizado	1/12	330,00	

6. FÉRIAS VENCIDAS

Período Aquisitivo: 06/08/2018 a 05/08/2019
Cálculo: salário-base / 12 × 12 meses
3.960,00 / 12 × 12 = **3.960,00**

FÉRIAS PROPORCIONAIS

Período Aquisitivo Proporcional: 06/08/2019 a 29/08/2019 **(1/12)**

Cálculo: salário-base / 12 × 1 = 330,00

1/3 CONSTITUCIONAL

Cálculo: férias vencidas + férias proporcionais × 1/3
3.960,00 + 330,00 × 1/3 = **1.430,00**

Cód.	Descrição	Ref.	Vencimentos	Descontos
1	Aviso Prévio Indenizado	30	3.960,00	
2	Saldo de Salário	30	3.960,00	
3	13º Salário Proporcional	7/12	2.310,00	
4	13º Salário Indenizado	1/12	330,00	
5	**Férias Vencidas**	**12/12**	**3.960,00**	
6	**Férias Proporcionais**	**1/12**	**330,00**	
7	**1/3 Constitucional**		**1.430,00**	

INSS DO SALÁRIO

Cálculo: 1 (Aviso Prévio Indenizado) + 2 (Saldo de Salário) × % da tabela do INSS
3.960,00 + 3.960,00 = **7.920,00** (sal. contrib.) × 11% = **642,34 (teto)**

INSS DO 13º SALÁRIO

Cálculo: 3 (13º Salário Proporcional) + 4 (13º Salário Indenizado) × % da tabela do INSS
2.310,00 + 330,00 = **2.640,00** (sal. contrib.) × 9% = **237,60**

Cód.	Descrição	Ref.	Vencimentos	Descontos
1	Aviso Prévio Indenizado	30	3.960,00	
2	Saldo de Salário	30	3.960,00	
3	13º Salário Proporcional	7/12	2.310,00	
4	13º Salário Indenizado	1/12	330,00	
5	Férias Vencidas	12/12	3.960,00	
6	Férias Proporcionais	1/12	330,00	
7	1/3 Constitucional		1.430,00	
8	**INSS**	**11%**		**642,34**
9	**INSS do 13º Salário**	**9%**		**237,60**

Tabela do INSS 2019

SALÁRIO DE CONTRIBUIÇÃO	%
até R$1.751,81	8
de 1.751,82 até R$2.919,72	9
de R$2.919,73 até R$5.839,45	11

Contribuição máxima (teto): R$ 642,34

IMPOSTO DE RENDA RETIDO NA FONTE (remuneração)

Cálculo: 2 (Saldo de Salário) − 8 (INSS) − dependentes × % da tabela do Imposto de Renda (- parcela a deduzir)

3.960,00 − 642,34 − 189,59 − 189,59 = **2.938,48 (base)** × 15% − 554,80 = **85,97**

IMPOSTO DE RENDA RETIDO NA FONTE 13º SALÁRIO (remuneração do 13º Salário)

Cálculo: 3 (13º Salário Proporcional) + 4 (13º Salário Indenização) − 9 (INSS do 13º Salário) × % da tabela do Imposto de Renda (- parcela a deduzir)

2.310,00 + 330,00 − 237,60 = **2.402,40 (base)** × 7,5% − 142,80 = **37,38**

Cód.	Descrição	Ref.	Vencimentos	Descontos
1	Aviso Prévio Indenizado	30	3.960,00	
2	Saldo de Salário	30	3.960,00	
3	13º Salário Proporcional	7/12	2.310,00	
4	13º Salário Indenizado	1/12	330,00	
5	Férias Vencidas	12/12	3.960,00	
6	Férias Proporcionais	1/12	330,00	
7	1/3 Constitucional		1.430,00	
8	INSS	11%		642,34
9	INSS do 13º Salário	9%		237,60
10	**IRRF**			85,97
11	**IRRF do 13º Salário**			37,38

Tabela do Imposto de Renda

FAIXA DE RENDIMENTO LÍQUIDO (R$)	ALÍQUOTA (%)	PARCELA A DEDUZIR (R$)
Até R$1.903,98	Isento	Isento
De R$ 1.903,99 até R$2.826,65	7,5	142,80
De R$ 2.826,66 até R$3.751,05	15,0	354,80
De R$ 3.751,06 até R$4.664,68	22,5	636,13
Acima de R$ 4.664,68	27,5	869,36

Dependente: R$ 189,59

Modelo do Termo de Rescisão do Contrato de Trabalho			
01 CNPJ /CEI			02 Razão social / Nome
03 Endereço completo			04 Bairro
05 Município	06 UF	07 CEP	08 CNAE · 09 CNPJ Obra
10 PIS / PASEP			11 Nome
12 Endereço completo			13 Bairro
14 Município	15 UF		16 CEP · 17 CTPS / Série
18 CPF			19 Data de nascimento · 20 Nome da mãe
21 Remuneração **3.960,00/mês**	22 Admissão **06/08/2018**	23 Aviso Prévio **30/07/2019**	24 Afastamento **30/07/2019**
25 Causa do afastamento **DISPENSA SEM JUSTA CAUSA**	26 Cód. Afastamento	27 Pensão alim. (%)	28 Cat. Trabalhista

DISCRIMINAÇÃO DAS VERBAS RESCISÓRIAS

Vencimentos	Ref.	Valor	Descontos	Ref.	Valor
1 – Aviso prévio indenizado	30 dias	3.960,00	8 – INSS	11%	642,34
2 – Saldo de salário	30 dias	3.960,00	9 – INSS do 13º salário	9%	237,60
3 – 13º salário proporcional	7/12	2.310,00	10 – IRRF		85,97
4 – 13º salário indenizado	1/12	330,00	11 – IRRF do 13º salário		37,38
5 – Férias vencidas	12/12	3.960,00			
6 – Férias proporcionais	1/12	330,00			
7 – 1/3 Constitucional		1.430,00			
TOTAL BRUTO		**16.280,00**	**TOTAL DE DESCONTOS**		**1.003,29**
			TOTAL LÍQUIDO ▶▶▶▶		**15.276,71**
56 Local e data do recebimento			57 Carimbo e assinatura do empregador/preposto		
58 Assinatura do trabalhador			59 Assinatura do responsável do trabalhador		

BASE DO FGTS

Cálculo: 1 (Aviso Prévio Indenizado) + 2 (Saldo de Salário) + 3 (13º Salário Proporcional) + 4 (13º Salário Indenizado)
3.960,00 + 3.960,00 + 2.310,00 + 330,00 = **10.560,00**

FGTS DA RESCISÃO (8%)

Cálculo: Base do FGTS × 8%
10.560,00 × 8% = **844,80**

MULTA 40% ou 20%

Cálculo: FGTS da Rescisão + Saldo para fins rescisórios (extrato atualizado da conta vinculada CEF) × 40% ou 20% (comum acordo) = R$ (depósito na conta vinculada do trabalhador)

Obs.: na rescisão por comum acordo, o saque fica limitado a 80% do saldo para fins rescisórios.

EXEMPLO 2

Admissão: 06/08/2018
Salário: R$ 3.960,00/mês
Dependentes legais: 2
Desligamento: 30/07/2019 – **PEDIDO DE DEMISSÃO**
Aviso Prévio: INDENIZADO
Obs.: não há adicionais, faltas ou atrasos para registro na rescisão.

1. **INDENIZAÇÃO**

   Não há previsão legal (Art. 479 e art. 480 CLT)

2. **AVISO PRÉVIO**

   Não há previsão legal (indenizado), somente trabalhado.

3. **SALDO DE SALÁRIO**

   Desligamento: 30/07/2019
   Saldo de Salário: 30 dias
   Cálculo: salário-base / 30 × dias de salário
   3.960,00 / 30 × 30 = **3.960,00**

Cód.	Descrição	Ref.	Vencimentos	Descontos
1	Saldo de Salário	30	3.960,00	

4. **13º SALÁRIO PROPORCIONAL**
   Admissão: 06/08/2018
   Desligamento: 30/07/2019
   13º Salário Proporcional: 7/12
   Cálculo: salário-base / 12 × 7 meses
   3.960,00 / 12 × 7 = **2.310,00**

5. **13º SALÁRIO PROPORCIONAL**
   Não há previsão legal (indenizado).

Cód.	Descrição	Ref.	Vencimentos	Descontos
1	Saldo de Salário	30	3.960,00	
2	13º Salário Proporcional	7/12	2.310,00	

6. **FÉRIAS VENCIDAS**
   Período Aquisitivo: 06/08/2018 a 30/07/2019
   Cálculo: salário-base / 12 × 12 meses
   3.960,00 / 12 × 12 = **3.960,00**

FÉRIAS PROPORCIONAIS
Não há previsão legal.

1/3 CONSTITUCIONAL
Cálculo: férias vencidas × 1/3
3.960,00 × 1/3 = **1.320,00**

Cód.	Descrição	Ref.	Vencimentos	Descontos
1	Saldo de Salário	30	3.960,00	
2	13º Salário Proporcional	7/12	2.310,00	
3	Férias Vencidas	12/12	3.960,00	
4	1/3 Constitucional		1.320,00	

INSS DO SALÁRIO

Cálculo 1: (Saldo de Salário) × % da tabela do INSS
3.960,00 (sal. contrib.) × 11% = **435,60**

INSS DO 13º SALÁRIO

Cálculo 2: (13º Salário Proporcional) × % da tabela do INSS
2.310,00 (sal. contrib.) × 9% = **207,90**

Cód.	Descrição	Ref.	Vencimentos	Descontos
1	Saldo de Salário	30	3.960,00	
2	13º Salário Proporcional	7/12	2.310,00	
3	Férias Vencidas	12/12	3.960,00	
4	1/3 Constitucional		1.320,00	
5	**INSS**	11%		435,60
6	**INSS do 13º Salário**	9%		207,90

Tabela do INSS 2019

SALÁRIO DE CONTRIBUIÇÃO	%
Até R$1.751,81	8
De 1.751,82 até R$2.919,72	9
De R$2.919,73 até R$5.839,45	11

Contribuição máxima (teto): R$ 642,34

IMPOSTO DE RENDA RETIDO NA FONTE (remuneração)

Cálculo: 1 (Saldo de Salário) − 5 (INSS) − dependentes × % da tabela do Imposto de Renda (− parcela a deduzir)

$$3.960,00 - 435,60 - 189,59 - 189,59 = \mathbf{3.145,22 \text{ (base)}} \times 15\% - 554,30 = \mathbf{116,98}$$

IMPOSTO DE RENDA RETIDO NA FONTE 13º SALÁRIO (remuneração do 13º Salário)

Cálculo: 2 (13º Salário Proporcional) − 6 (INSS do 13º Salário) × % da tabela do Imposto de Renda (− parcela a deduzir)

$$2.310,00 - 207,90 = \mathbf{2.102,10 \text{ (base)}} \times 7,5\% - 142,80 = \mathbf{14,86}$$

Cód.	Descrição	Ref.	Vencimentos	Descontos
1	Saldo de Salário	30	3.960,00	
2	13º Salário Proporcional	7/12	2.310,00	
3	Férias Vencidas	12/12	3.960,00	
4	1/3 Constitucional		1.320,00	
5	INSS	11%		435,60
6	INSS do 13º Salário	9%		207,90
7	**IRRF**			116,98
8	**IRRF do 13º Salário**			14,86

Tabela do Imposto de Renda

FAIXA DE RENDIMENTO LÍQUIDO (R$)	ALÍQUOTA (%)	PARCELA A DEDUZIR (R$)
Até R$ 1.903,98	Isento	Isento
De R$ 1.903,99 até R$ 2.826,65	7,5	142,80
De R$ 2.826,66 até R$ 3.751,05	15,0	354,80
De R$ 3.751,06 até R$ 4.664,68	22,5	636,13
Acima de R$ 4.664,68	27,5	869,36

Dependente: R$ 189,59

Modelo do Termo de Rescisão do Contrato de Trabalho			
01 CNPJ /CEI		02 Razão social / Nome	
03 Endereço completo		04 Bairro	
05 Município	06 UF	07 CEP	08 CNAE	09 CNPJ Obra
10 PIS / PASEP		11 Nome	
12 Endereço completo		13 Bairro	
14 Município	15 UF	16 CEP	17 CTPS / Série
18 CPF		19 Data de nascimento	20 Nome da mãe
21 Remuneração **3.960,00/mês**	22 Admissão **06/08/2018**	23 Aviso Prévio	24 Afastamento **30/07/2019**
25 Causa do afastamento **PEDIDO DE DEMISSÃO**	26 Cód. Afastamento	27 Pensão alim. (%)	28 Cat. Trabalhista

DISCRIMINAÇÃO DAS VERBAS RESCISÓRIAS

Vencimentos	Ref.	Valor	Descontos	Ref.	Valor
1 – Saldo de salário	30 dias	3.960,00	5 – INSS	11%	435,60
2 – 13º salário proporcional	7/12	2.310,00	6 – INSS do 13º salário	9%	207,90
3 – Férias vencidas	12/12	3.960,00	7 – IRRF		116,98
4 – 1/3 Constitucional	1/12	1.320,00	8 – IRRF do 13º salário		14,86
TOTAL BRUTO		**11.550,00**	**TOTAL DE DESCONTOS**		**775,34**
			TOTAL LÍQUIDO ▶▶▶▶		10.774,66

56 Local e data do recebimento	57 Carimbo e assinatura do empregador/preposto
58 Assinatura do trabalhador	59 Assinatura do responsável do trabalhador

BASE DO FGTS

Cálculo 1: (Saldo de Salário) + 2 (13º Salário Proporcional)
3.960,00 + 2.310,00 = **6.270,00**

FGTS DA RESCISÃO (8%)

Cálculo: Base do FGTS × 8%
6.270,00 × 8% = **501,60**

MULTA 40% OU 20%

Não há previsão legal para movimentação da conta vinculada por pedido de demissão (iniciativa do trabalhador).

Exercícios

1. Explique o que significa multa rescisória. Qual é a implicação para o empregador?
2. O que é conta vinculada do trabalhador?
3. O que significam advertência e suspensão disciplinar?
4. Cite três motivos para uma rescisão por justa causa, conforme o Art. 482 da CLT.
5. Cite os tipos de rescisão do contrato de trabalho.
6. Na rescisão do contrato de trabalho, quando ocorre o evento aviso prévio indenizado?
7. Quando ocorre o pagamento de férias na rescisão?
8. Como deve-se calcular o 13º salário na rescisão? Consideram-se os adicionais?
9. Quais são os prazos legais para o pagamento da rescisão do contrato de trabalho para o trabalhador? Qual é o procedimento que o Departamento de Pessoal deve adotar?

10. Quais são os direitos do trabalhador dispensado sem justa causa com menos de um ano de contrato?

11. Quais são os direitos do trabalhador dispensado antes do término do contrato de experiência?

12. Calcule os direitos trabalhistas do trabalhador dispensado sem justa causa:

   a) **Admissão:** 12 de dezembro de 2018.

   b) **Dispensa:** 15 de março de 2019.

   c) **Aviso prévio:** de 16 de março de 2019 até 14 de abril de 2019.

   d) **Salário-base:** R$ 1.320,00 (mensalista).

Direitos do trabalhador	Valor
Aviso prévio indenizado ____ dias	
Saldo de salário ____ dias	
Férias proporcionais ____ avos	
13º salário proporcional ____ avos	
13º salário indenizado ____ avos	

   e) Mencione em seguida as incidências das verbas rescisórias:

Verbas rescisórias	INSS	IR	FGTS
Aviso prévio indenizado			
Saldo de salário			
Férias proporcionais			
13º salário proporcional			
13º salário indenizado			

Estudo de Caso

Uma empresa de telemarketing começa a sentir as dificuldades de relacionamento entre chefe e subordinado, e o resultado dos trabalhos não está adequado ao planejamento do negócio.

A administração decide rescindir o contrato de alguns trabalhadores sem justa causa e solicita ao Departamento de Pessoal que providencie os documentos legais. A única exigência da administração é que todos os trabalhadores conheçam com antecedência os seus direitos trabalhistas.

Rescisão de Contrato de Trabalho

O Departamento de Pessoal recebeu a relação dos trabalhadores:

	Nome	Cargo	Tempo de casa
1	João	Operador	11 meses
2	Julia	Auxiliar	2 anos
3	Paulo	Operador	6 meses
4	Gabriela	Operador	3 anos e 4 meses

Quais são os direitos trabalhistas de cada trabalhador da empresa de telemarketing?

ACORDO OU CONVENÇÃO COLETIVA DE TRABALHO

A legislação que protege as relações de trabalho e emprego é o Direito Coletivo de Trabalho. Esse ramo do Direito busca, por meio das leis, o equilíbrio entre os interesses de trabalhadores e empregadores, com o objetivo de resguardar direitos e deliberar sobre instrumentos normativos, negociações, acordos coletivos e convenções coletivas.

O Direito Coletivo do Trabalho é o ramo jurídico que estuda as normas e os princípios das relações laborais dos trabalhadores. Entre suas funções: abrange a organização sindical e a representação dos empregados na empresa; aborda os mecanismos de solução dos conflitos, como as greves, por meio de negociação, arbitragem etc.); trata das composições autônomas (convenção ou acordo coletivos). A Constituição exige a participação do sindicato em toda negociação coletiva (CARRION, 2000, p. 447;449).

Para Saraiva (2010), sindicato é uma associação de pessoas físicas ou jurídicas que exercem uma atividade profissional ou econômica, com o objetivo de defender os direitos e interesses coletivos ou individuais da categoria, em questões judiciais ou administrativas.

Art. 511 – É lícita a associação para fins de estudo, defesa e coordenação dos seus interesses econômicos ou profissionais de todos os que, como empregadores, empregados, agentes ou trabalhadores autônomos ou profissionais liberais exerçam, respectivamente, a mesma atividade ou profissão ou atividades ou profissões similares ou conexas.

§ 1º A solidariedade de interesses econômicos dos que empreendem atividades idênticas, similares ou conexas, constitui o vínculo social básico que se denomina categoria econômica.

§ 2º A similitude de condições de vida oriunda da profissão ou trabalho em comum, em situação de emprego na mesma atividade econômica ou em atividades econômicas similares ou conexas, compõe a expressão social elementar compreendida como categoria profissional.

§ 3º Categoria profissional diferenciada é a que se forma dos empregados que exerçam profissões ou funções diferenciadas por força de estatuto profissional especial ou em consequência de condições de vida singulares.

§ 4º Os limites de identidade, similaridade ou conexidade fixam as dimensões dentro das quais a categoria econômica ou profissional é homogênea e a associação é natural.

A representatividade por parte dos sindicatos é mais uma ferramenta que contribui para o acesso das pessoas às decisões empresariais.

Com isso, cada vez mais os acordos ou as convenções coletivas de trabalho vêm sendo formalizados, conforme o espírito democrático que ambos os sindicatos se propõem a negociar. Não são mais de maneira litigiosa e de confronto e, sim, de maneira a beneficiar a relação de emprego.

Figura 11.1 – O Direito Coletivo de Trabalho visa ao equilíbrio entre os interesses de trabalhadores e empregadores.

11.1 ACORDO COLETIVO DE TRABALHO (ACT)

O ACT é um instrumento normativo negociado entre o sindicato da categoria dos trabalhadores e uma ou mais empresas, estabelecendo regras e condições de trabalho.

> Art. 620. As condições estabelecidas em acordo coletivo de trabalho sempre prevalecerão sobre as estipuladas em Convenção Coletiva de Trabalho.

11.2 CONVENÇÃO COLETIVA DE TRABALHO (CCT)

O CCT é um instrumento normativo negociado entre o sindicato da categoria dos trabalhadores e o sindicato da categoria dos empregadores, estabelecendo regras e condições de trabalho.

> Art. 611 da CLT – Convenção Coletiva de Trabalho é o acordo de caráter normativo, pelo qual dois ou mais sindicatos representativos de categorias econômicas e profissionais estipulam condições de trabalho aplicáveis, no âmbito das respectivas representações, às relações individuais de trabalho.
>
> § 1º É facultado aos sindicatos representativos de categorias profissionais celebrar acordos coletivos com uma ou mais empresas da correspondente categoria econômica, que estipulem condições de trabalho, aplicáveis no âmbito da empresa ou das empresas acordantes às respectivas relações de trabalho.
>
> § 2º As federações e, na falta destas, as confederações representativas de categorias econômicas ou profissionais poderão celebrar convenções coletivas de trabalho para reger as relações das categorias a elas vinculadas, organizadas em sindicatos, no âmbito de suas representações.
>
> Art. 612 da CLT – Os sindicatos só poderão celebrar convenções ou acordos coletivos de trabalho, por deliberação de Assembleia Geral especialmente convocada para esse fim. [...]
>
> Art. 614 da CLT, § 3º – Não será permitido estipular duração de convenção coletiva ou acordo coletivo de trabalho superior a dois anos, sendo vedada a ultratividade.

JUSTIÇA DO TRABALHO

A Justiça do Trabalho é o órgão que decide as controvérsias existentes nas relações de emprego. Quando não há alternativas saudáveis para um acordo que beneficie a relação entre o empregador e o trabalhador, cabe decisão por parte de juízes que farão as considerações sobre os fatos ocorridos. A conciliação é a ferramenta utilizada nos contenciosos trabalhistas individuais e coletivos.

Figura 12.1 – É função da Justiça do Trabalho conciliar e julgar os dissídios individuais e coletivos entre trabalhadores e empregadores.

Art. 109 da Constituição Federal – Aos juízes federais compete processar e julgar: I – as causas em que a União, entidade autárquica ou empresa pública federal forem interessadas na condição de autoras, rés, assistentes ou oponentes, exceto as de falência, as de acidente de trabalho e as sujeitas à Justiça do Trabalho. [...]

Art. 114 da Constituição Federal – Compete à Justiça do Trabalho conciliar e julgar os dissídios individuais e coletivos entre trabalhadores e empregadores, abrangidos os entes de direito público externo e da administração pública direta e indireta dos Municípios, do Distrito Federal, dos Estados e da União, e, na forma da lei, outras controvérsias decorrentes da relação de trabalho, bem como os litígios que tenham origem no cumprimento de suas próprias sentenças, inclusive coletivas. [...]

Art. 643 da CLT – Os dissídios, oriundos das relações entre empregados e empregadores, bem como de trabalhadores avulsos e seus tomadores de serviços, em atividades reguladas na legislação social, serão dirimidos pela Justiça do Trabalho, de acordo com o presente título e na forma estabelecida pelo processo judiciário do trabalho (red. Lei nº 7.494/86).

A competência típica da Justiça do Trabalho é a de compor as lides referentes à relação de emprego, não eventual, entre os próprios interessados singulares (dissídios individuais) ou entre uma categoria profissional e a categoria econômica ou a respectiva empresa (dissídios coletivos) (CARRION, 2000, p. 469).

Art. 111 – São órgãos de Justiça do Trabalho:

I – o Tribunal Superior do Trabalho;

II – os Tribunais Regionais do Trabalho;

III – Juízes do Trabalho (CF/88).

[...]

Art. 645 – O serviço da Justiça do Trabalho é relevante e obrigatório, ninguém dele podendo eximir-se, salvo motivo justificado.

Art. 646 – Os órgãos da Justiça do Trabalho funcionarão perfeitamente coordenados, em regime de mútua colaboração, sob a orientação do presidente do Tribunal Superior do Trabalho. [...]

BIBLIOGRAFIA

BRASIL. Casa Civil. **Emenda Constitucional nº 88, de 16 de abril de 2015**. Brasília, 2016. Disponível em: <https://www2.senado.leg.br/bdsf/bitstream/handle/id/518231/CF88_Livro_EC91_2016.pdf> Acesso em: 12 jan. 2020.

_____. **Lei n.º 7.494, de 26 de abril de 1945**. Disponível em: <https://www2.camara.leg.br/legin/fed/declei/1940-1949/decreto-lei-7494-26-abril-1945-452220-norma-pe.html>. Acesso em: 12 jan. 2020.

_____. **Lei nº 8.949, de 9 de dezembro de 1994**. Disponível em: <http://www.planalto.gov.br/ccivil_03/LEIS/L8949.htm>. Acesso em: 12 jan. 2020.

_____. **Lei nº 13.467, de 13 de março de 2017**. Disponível em: <https://legis.senado.leg.br/norma/17728053>. Acesso em: 12 jan. 2020.

_____. **Lei nº 13.874, de 20 de setembro 2019**. Disponível em: <http://www.planalto.gov.br/ccivil_03/_ato2019-2022/2019/lei/L13874.htm>. Acesso em: 12 jan. 2020.

_____. **Portaria nº 1.195, de 30 de outubro de 2019**. Disponível em: <http://www.in.gov.br/en/web/dou/-/portaria-n-1.195-de-30-de-outubro-de-2019-224742577>. Acesso em: 12 jan. 2020.

CAMPANHOLE, A.; CAMPANHOLE, H. L. **Consolidação das leis do trabalho e legislação complementar**. 108. ed. São Paulo: Atlas, 2004.

CARRION, V. **Comentários à Consolidação das Leis do Trabalho**. 25. ed. São Paulo: Saraiva, 2000.

CHIAVENATO, I. **Gestão de pessoas**: o novo papel dos recursos humanos nas organizações. 2. ed. Rio de Janeiro: Elsevier, 2004.

IMPRENSA OFICIAL DO ESTADO. **Constituição da República Federativa do Brasil**. São Paulo: Imprensa Oficial do Estado, 1990.

COVEY, S. **Os sete hábitos das pessoas altamente eficazes**. São Paulo: Best Seller, 2001.

DUTRA, J. S. **Gestão de Pessoas**: modelos, processos, tendências e perspectivas. São Paulo: Atlas, 2002.

DUBRIN, A. J. **Fundamentos do comportamento organizacional**. São Paulo: Pioneira Thomson Learning, 2003.

ESOCIAL. **eSocial passa a substituir livro de registro de empregados**. Brasília, 31 out. de 2019. Disponível em: <https://portal.esocial.gov.br/noticias/esocial-passa-a-substituir-livro-de-registro-de-empregados>. Acesso em: 30 dez. 2019.

FIDELIS, G. J.; BANOV, M. R. **Gestão de Recursos Humanos**: tradicional e estratégica. São Paulo: Érica, 2006.

GIL, A. C. **Administração de recursos humanos**: um enfoque profissional. São Paulo: Atlas, 1994.

KANAANE, R. **Comportamento humano nas organizações**: o homem rumo ao século XXI. São Paulo: Atlas, 1999.

LACOMBRE, F. **Recursos Humanos**: princípios e tendências. São Paulo: Saraiva, 2005.

MARRAS, J. P. **Administração de recursos humanos**: do operacional ao estratégico. São Paulo: Futura, 2002.

MINARELLI, J. A. **Empregabilidade**: o caminho das pedras. São Paulo: Gente, 1995.

OLIVEIRA, A. **Legislação Previdenciária**: remissiva – consolidada e demais normas da Seguridade Social. 12. ed. Rio de Janeiro: Lumen Juris, 2004.

_____. **Manual de prática trabalhista**. São Paulo: Atlas, 1994.

PASCHOAL, L. **Administração de cargos e salários**: manual prático e novas metodologias. 2. ed. São Paulo: Qualitymark, 2001.

ROBORTELLA, L. C. A. **Jornada de trabalho e férias na Constituição de 1988**. São Paulo: LTR, 1991.

ROBBINS, S. P. **Comportamento organizacional**. São Paulo: Prentice-Hall, 2002.

RUSSOMANO, M. V. **Comentários à Consolidação das Leis do Trabalho e Previdência Social**. São Paulo: Revista dos Tribunais, 1997.

SAAD, E. G. **Consolidação das Leis do Trabalho Comentada**. São Paulo: LTR, 1990.

SARAIVA, R. **Direito do Trabalho**. 11. ed. São Paulo: Saraiva, 2010.

SPECTOR, P. E. **Psicologia nas organizações**. São Paulo: Saraiva, 2002.

TERRA, J. C. C. **Gestão do conhecimento**: o grande desafio empresarial. 2. ed. São Paulo: Negócio, 2001.

ULRICH, D. **Recursos humanos estratégicos**. São Paulo: Futura, 2000.

WAGNER III, J. A.; HOLLENBECK, J. R. **Comportamento organizacional**: criando vantagem competitiva. São Paulo: Saraiva, 1999.

Sites

Caixa Econômica Federal. Disponível em: <http://www.caixa.gov.br>.

eSocial – Ambiente Nacional. Disponível em: <http://www.esocial.gov.br>.

Ministério da Previdência e Assistência Social. Disponível em: <http://www.mtps.gov.br>.

Ministério do Trabalho. Disponível em: <http://www.trabalho.gov.br>.

Secretaria da Receita Federal. Disponível em: <http://idg.receita.fazenda.gov.br>.

Marcas Registradas

Todos os nomes registrados, marcas registradas ou direitos de uso citados neste livro pertencem aos seus respectivos proprietários.

ÍNDICE REMISSIVO

1/3 Constitucional, 120, 133, 146
13º salário, 109, 120, 143
   Primeira Parcela, 110
   Segunda Parcela, 111

A

Abandono de emprego, 138
Abono Pecuniário, 119
Acidente do trabalho, 118
Acordo
   Coletivo, 143, 171
      da categoria, 57, 71, 73
      de Trabalho, 15, 72, 173
   para Compensação de Horas de Trabalho, 54
   para Prorrogação de Horas de Trabalho, 55
Adiantamento salarial, 84
Adicional(is), 87
   Noturno, 44, 64, 83, 87, 89
Advertência disciplinar, 136

Aposentadoria, 47
Atestado de Saúde Ocupacional (ASO), 26
Ato de indisciplina ou de insubordinação, 138
Ato lesivo, 138
Autônomos, 38
Autorização, 59
Aviso
   de Férias, 121
   prévio, 140
   indenizado, 141
   trabalhado, 142

B

Banco de Horas, 71
Base de Cálculo do FGTS, 96, 114
Base de Cálculo, 94
Beneficiário, 36
Benefício(s), 59

C

Candidato, 22
Capital, 14
Carteira de Trabalho e Previdência Social (CTPS), 30
Comissões, 90
Constituição Federal, 16, 67, 135
Conta Vinculada do FGTS, 80
Contratação, 21
Contrato, 36
    de experiência, 154
    de trabalho, 77, 135
    por Prazo Determinado, 36, 155
    por Prazo Indeterminado, 38, 77
Contribuição Sindical, 94
Cooperativas, 38

D

Declaração, 18, 51
Demonstrativo de Pagamento, 59, 64, 81, 83-89, 91-92, 96, 102-107, 110-111, 113-116
Departamento de Pessoal, 12, 16-17, 21-22, 24, 27-28, 59, 61, 63, 66, 69, 72-73, 77, 82, 85, 90-91, 93, 108, 111, 113, 121, 125, 133, 143, 158, 168
Dependentes legais, 51
Descanso, 72
    Semanal Remunerado (DSR), 73
Descontos, 90, 95
Dissídio, 175-176
Desligamento, 138, 143, 152
    sem justa causa, 138
Diarista, 63
Documento Arrecadação de Receitas Federais (DARF), 94
Documentos, 25
Domésticos, 34, 38, 42-43, 92
Doutrina, 16
DSR de Horas Extras, 87-88
Duração do trabalho, 55, 67

E

Embriaguez, 137
Emprego, 15, 59, 82, 135, 138
Empresa contratante, 26, 40, 55, 57

eSocial, 19, 28, 30, 34-35, 45-47, 82-83, 93
Estagiários, 38, 41
Experiência, 36-38, 42, 60, 139-140, 146, 154

F

Faltas e atrasos, 73, 91
    injustificadas, 74, 118
Férias, 35-36, 117, 121-122, 144-145, 36
    coletivas, 122-123
    período aquisitivo, 44-45, 117-119, 122-123
    proporcionais, 40, 45, 145
    vencidas, 117, 144
FGTS, 34-36, 40, 45-47, 49-50, 65, 77-80, 86, 93, 95-96, 109, 114, 118, 123
    do Mês, 95-96
    do Mês Anterior, 45
Fiscalização, 17-18, 20, 25, 29, 40, 77, 82
Folha de pagamento, 16-20, 28, 47-48, 59, 61, 64, 69, 72, 81-87, 89-90, 92-97, 102, 108, 111, 113, 125, 133, 143
Formulário, 19
Fundo de Garantia do Tempo de Serviço (FGTS), 34, 46, 95

G

Gestante, 45, 78
Guia da Previdência Social (GPS), 18

H

Habitualidade, 15, 71
Homologação, 148, 150, 158
Horas extras, 43, 71-72, 87-88
Horista, 63, 85-86, 92, 143

I

Imposto de Renda Retido na Fonte, 18, 28, 51, 91, 93-94, 96
Improbidade, 137
Incidências, 110-111, 123-124, 140-146, 168
Incontinência de conduta, 137
Indenização, 45, 47, 49, 135, 140
Insalubridade, 64, 66, 83, 87, 89, 123
INSS, 92-93
Interrupção do contrato, 77-78
Intervalo, 42-43, 49, 68, 72-73, 75

J

Jornada de trabalho, 40, 42-43, 60, 64, 67-68, 70, 73, 75-76, 139
Jurisprudência, 16, 138
Justiça do Trabalho, 175-176

L

Legislação, 17, 81, 117, 135
Livro de registro, 18, 34

M

Mensalista, 63, 73, 85, 91
Ministério do Trabalho, 29-31, 46, 68, 123
Morte, 35, 140, 147, 158
Multa rescisória, 79

N

Normas, 16

P

Pedido de demissão, 139, 157
Periculosidade, 65, 90
Posto de trabalho, 73
Prepostos, 139
Prontuário, 60, 136

Q

Qualificação, 31, 38

R

Recibo de Férias, 122
Recursos Humanos, 12
Registro de Frequência, 75, 77
Remuneração, 43, 63, 65
Rescisão, 49, 135, 139, 148, 152-153, 156
 do contrato de trabalho, 135

S

Salário, 63, 85
 base, 64
 de Contribuição (INSS), 106
 família, 52, 90, 143
 variável, 113
Saldo de salário, 143
Seguro-desemprego, 46, 50, 148, 158
Sindicato, 94-95, 122-123, 171-173
Subordinação do trabalho, 39
Suspensão do contrato, 77-78

T

Temporários, 20, 35, 38
Terceirização, 39
Termo de Responsabilidade, 52, 54
Trabalho, 14
 Noturno, 44, 48, 74-75
Tribunal Superior do Trabalho (TST), 39

V

Vaga, 22
Vale-transporte, 46, 57, 95
Vencimentos, 83
Vínculo empregatício, 36, 39, 41, 47, 77